新版 図書館逍遥

小田光雄 著

論創社

新版　図書館逍遥　目次

新版　図書館逍遙

1　図書館大会の風景

書店ではほとんどみかけることはないのだが、図書館にいくと図書館に関係する本が近年かなり出版され、それらが必要以上に図書館の棚に収まっていることに気づく。それらの量は確実に出版社や書物に関する出版物の数をこえている。しかしそうした図書館関連の類書やシリーズ物、図書館行政体験記といったものが多く、読者の貸し出しの対象となっているとも思えない。そのため図書館によっては、書誌、書物文献よりも、内容を伴わない図書館関連文献の方が多いという現象をみている。それらの図書館文献が一般書店で売れるということはないわけだから、図書館が購入することによって、一定の部数が確保されることで、相次いで出版されているのだろう。それを可能にしたのは、一九八〇年代以降の公共図書館の毎年百館という大幅な増加であるといっていい。だがこうした選書はあまりにも安易であり、図書館はもっと書誌、書物文献の収集に力を注いでほしいと思う。

そんな図書館文献のひとつである菅原峻の『図書館の明日をひらく』（晶文社、一九九九年）を読んだ。日本図書館協会出身で、全国の公共図書館の開設に関わってきた著者は、〈図書館をひらく〉のではなく、〈図書館をはじめる〉ものとして考え、図書館の在り方を建築優先であってはならないとし、また専門司書の不在を指摘し、外国の図書館の優れた在り方を紹介することで、日本の「図書館の明日をひらく」ことを伝えようとしている。誠にもっともな指摘ではあるのだが、その語り口には官僚的で啓蒙的な臭いがあり、図書館と市民というイメージはあっても、本や読者についての著者自身の個人的イメージが浮かんでこないのである。それは多くの図書館文献に共通しているし、同時に現在の公共図書館が抱えている大きな問題ではないだろうか。

数年前、ある県の図書館大会にパネリストとして招かれたことがあった。自社の刊行物の宣伝にもなるし、図書館における本と読者の話も聞けるのではないかと考え、引き受けることにした。会場に着いて、控室で初対面の大会関係者、司会者、他のパネリストたちと話しているうちに、いやなムードを感じた。官僚行政の臭いがするのである。それから私が出版者だとわかっていても、どんな本を出版しているのかと問う人もいない。名もなき小出版社であればこそ、そうした質問があると考えていたが、まったくないのである。出版しているものが何であるかは関係なしに、単に図書館大会のアリバイ工作として、出版者ということだけで招かれていたのだ。

こうしたことからわかるように、この県図書館大会とは、本と読者と図書館をめぐるものではなく、スケジュールと化した文化的セレモニーにすぎなかった。主催者や関係者のメンバー構成から想像すると、この主催母体は県の教育委員会であり、その下に県立中央図書館が位置し、それらの周辺に日本図書館協会や大学の図書館学科の教師たちがいる。そしてこれらと親しい人々が司会者、パネリストとして選定され、上意下達のもとに七、八百人の市町村の図書館員たちが動員され、集められたのであり、読者や市民に対してまったく開かれていない大会なのである。そうではないことを示すふりをするために私のようなストレンジャー的小出版者をパネリストとして指名したのだ。ついでにいうが、日本図書館協会とは一体何なのだ。どのような基準で選んでいるのかわからない「選定図書」など、もはや現在では何の意味もありえないのではないだろうか。書誌マークシステムの導入によって新刊情報、在庫情報はコンピュータでただちに把握できる現在、その使命を終えていることは明らかだし、それは全国学校図書館協議会の「選定図書」に関しても同様だと思われる。

控室で観察していると、日本図書館協会、大学の図書館学科の教師、その他のパネリストの人たちは顔見知りで、全国の県図書館大会の常連メンバーのようなのだ。ということは毎週のように、県単位の図書館大会が開催され、彼らが持ち回りでそれらのセレモニーを仕切っているということになるではないか。何という税金の無駄遣い、これらの費用を図書購入費に回せば、どれだけ多くの本が買えることだろうか。

図書館大会は私の予想通り、本や読者や図書館に関する活発なやりとりとはならず、質疑応答も凡庸なままに終始した。もっとも分科会全部に参加したわけではないが、ムードからいってそのように断言していいと思う。

司会者に最後の発言を求められたので、「小社の目録を持ってきておりますし、小社の本は図書館にうってつけの本ばかりですので、ぜひ入れて下さい」といって閉じた。しかしその後、目録をほしいといってきた図書館員はひとりもいなかった。かくして虚しいセレモニーは終わった。

2 ある図書館長の死

一九九九年は江藤淳の自死があり、そのにぎやかな追悼騒ぎに隠れて、辻邦生や後藤明生の死はどこかかすんでしまったような印象がある。もちろん江藤淳ほどではないにしても、彼らもまた文芸誌で追悼集が組まれたのではあるが。

しかし九九年は、彼らばかりではなく、二人の重要な文芸評論家が相次いで死亡した年として記憶されなければならないだろう。その二人とは尾崎秀樹と中島河太郎である。尾崎秀樹に対する追悼文はいくつか新聞に掲載されたが、中島河太郎に関しては、近代文学研究者の紅野敏郎の「中島河太郎氏と正宗白鳥」（『文学界』九九・七）という回想の小文が出ただけであったように思う。

『ミステリマガジン』ですら、稲葉明雄や瀬戸川猛資といった翻訳者や評論家への追悼はあっても、尾崎秀樹や中島河太郎の死について言及がなかったことは、何か寂しい気がする。両者とも実作家や翻訳者ではなかったけれど、戦後の大衆文学と推理小説の繁栄を支えた陰の功労者であった。二人の資料収集とその蔵書は大衆文学図書館と推理小説図書館を形成していて、それらの図書館の存在を抜きにしては、各種の大衆文学全集や推理小説全集の企画立案も不可能であったと思われるし、事実それらの企画にはほとんど二人が関わっていた。

また実際に、中島河太郎は九九年四月に開館した日本唯一のミステリ専門図書館であるミステリー文学資料館の初代館長であり、その蔵書は中島河太郎の収集した三万冊を中心にしている。私的な長年にわたる収集が公共的図書館へと転化したのである。もし中島河太郎の存在とそのミステリにかける情熱がなければ、資料は散逸し、この種の図書館の成立は不可能であったと思われる。

図書館界から中島河太郎に対する追悼の言葉はあっただろうか。

尾崎秀樹に関しては別の機会にゆずることにして、ここではもう少し追悼文すら出なかった中島河太郎についてふれてみることにする。中島河太郎は戦後、江戸川乱歩の勧めによって推理小説の研究に入り、一九五五年に「探偵小説辞典」(『宝石』連載、後に『日本推理小説辞典』、東京堂出版)で第一回江戸川乱歩賞、六六年に『推理小説展望』(東都書房)で第十九回日本推理作家協会賞を受賞している。このダブル受賞からわかるように、その評論、研究は推理小説家たちからも高い評価を受けていた。中島河太郎の推理小説の研究は、豊富な文献収集と書誌学に基づく実証的なものであり、文学作品と異なる推理小説文献の収集はその何倍もの労力がかかっていると推測できる。

そうした評論、研究のかたわら、中島河太郎は多くの全集、大系の企画、編集、監修、解題に参画し、それらの代表的なものとして『世界推理小説大系』『日本推理小説大系』（いずれも東都書房）、『現代推理小説大系』『大衆文学大系』（いずれも講談社）がある。そしてこれらの別巻に、前述の『推理小説展望』『ミステリ・ハンドブック』『大衆文学通史・資料』（尾崎秀樹との共編著）といった労作をそれぞれ収録している。これらは古書業界では効き目扱いされ、別巻のあるなしで、古書価は倍以上開いてしまっている。これらの成果を踏まえて、推理小説研究の集大成が明治から昭和戦前の部分まで、『日本推理小説史』（東京創元社）として三巻まで刊行されたが、戦後編に至ることなく中絶してしまったのは残念でならない。

しかし中島河太郎の研究対象は推理小説だけではない。戦前は柳田国男や正宗白鳥の研究を続け、柳田国男研究にかけては先駆者であり、正宗白鳥研究では第一人者とされ、新潮社、福武書店の二つの『正宗白鳥全集』の実質的編集者であった。それなのに、筑摩書房の『定本柳田国男集』や文庫版『柳田国男全集』の編集や資料提供にはなぜか関わっていなかったようで、索引にも中島河太郎の名前をみつけることができない。おそらく柳田民俗学やその周辺が、中島河太郎の推理小説研究という事柄をもって、注意深く排除してしまっているからではないだろうか。

またそれは近代文学研究やアカデミズムの世界にもいえるのである。前出の紅野敏郎のエッセイによれば、中島河太郎が東大国文科の出身であり、同窓の研究者が多いのにもかかわらず、中島河太郎の名前と仕事はまったく語られたことがなかったということである。中島河太郎の仕事はアカデミズムからひとり離れて存在していたかのようだ。そしてそれが追悼文の出なかった理由となる。

だがこのことと柳田国男論も正宗白鳥論もあえてすることなく、推理小説に情熱を傾け、文献収集と書誌学の影に隠れて、淡々とそれらの仕事に従事し、収集した蔵書をもとに成立したミステリー文学資料館の館長として生を終えた中島河太郎の生涯は、何かとてもすがすがしい印象を残すのである。

3 悪魔とよばれた図書館長

近代出版流通システムについて調べていると、戦前の出版シーンにおいて、数多くの文学者たちが出版者として登場してくることに気づく。紅葉、漱石、鷗外、藤村といった人々ですら、出版者という側面を持っていた。それは文学者ばかりでなく、柳田国男のような民俗学者もまたそうであり、実際に柳田国男は「予が出版事業」(『定本柳田国男集』第二三巻)という一文を残し、「小生は純なる Publisher であった」と満足げに記している。しかし近代文学史研究において、出版者としての文学者というテーマはないし、膨大な柳田国男研究においても、出版者としての柳田国男という項目は見当らない。

これらのことと同様に、図書館人としての文学者という研究もまた果たされていないように思える。戦後日本においても島尾敏雄や椋鳩十が図書館長であったように、数多くの文学者たちが図書館に関わっていたのではないだろうか。文学者ではないが、羽仁五郎や中井正一もまたそうであった。

外国に目を向ければ、「バベルの図書館」(『伝奇集』、集英社)で究極の図書館像を描き、「バベルの図書館」(国書刊行会)という文学叢書を編集したホルヘ・ルイス・ボルヘスはアルゼンチン国立図書館の館長であった。恐るべき読書の果てに盲目となった図書館長。「図書館員として読むべき数億冊の本を私に与えておきながら、他方で盲目の身を与えたのはまさに神の豪奢なるイロニーと、私には思われた」(B・ピヴォー他編『理想の図書館』、パピルス)。

ボルヘスほど有名ではないが、やはり二〇世紀の図書館人として重要な文学者、思想家がいる。その名はジョルジュ・バタイユ。「今世紀の最も重要な文学者のひとり」(ミシェル・フーコー)であり、「現代フランスのもっともすぐれたしかも、ちょっと悪魔的な思想家」(吉本隆明)は、その生涯のほとんどをパリ国立図書館、オルレアン図書館ですごした。

生前はマージナルな思想家とみなされていたが、一九六二年の死後、七〇年から八八年にかけてガリマール書店から大部の十二巻に及ぶ全集が刊行され、バタイユは現代思想の中心にすえられることとなった。日本においては、小説『蠱惑の夜』（大日本雄弁会講談社）から始まり、『マダム・エドワルダ』（河出書房新社）、『眼球譚』（二見書房）といったポルノグラフィ、『有罪者』『内的体験』（いずれも現代思潮社）などのニーチェ的無神学大全、『エロティシズム』『呪われた部分』（いずれも二見書房）などの性や経済に関する理論書の邦訳がなされ、その全貌が次第に紹介されていった。そうした五〇年代から九〇年代にかけてのバタイユの翻訳は、外国の文学者、思想家としては最も継続的になされており、三島由紀夫の例を持ちだすまでもなく、日本の文学や思想にも大きな影を落としている。

バタイユの生涯は謎に包まれていたが、八〇年代後半になって、フランスとドイツで詳細な伝記が刊行され、フランス版のミシェル・シュリヤの『G・バタイユ伝』（河出書房新社）は九一年に翻訳が出た。ドイツ版は *Georges Bataille*（Bernd Mattheus, Matthes & Seitz Verlag）。この二冊の伝記の他にも国内外を含めて、多くの研究書が出版されているのにもかかわらず、図書館人としてのバタイユの研究は存在しないといっていい。シュリヤの伝記にしても、図書館人としてのバタイユにはほとんどスポットが当っていないのである。バタイユにとって図書館とは一体何であったのか。それは司書といった職業をこえて存在していたと思われる。バタイユは二〇年代にグラン・ゼコールのひとつである古文書学校を卒業して、パリ国立図書館の司書となり、そのかたわら著作活動、様々な雑誌の創刊、社会学研究会（社会学研究会については、工作舎からD・オリエ編による『聖社会学』が出版されている）といったグループを主宰していくことになるのだが、これらのバタイユの活動の背後には絶えず国立図書館を中心にして拡がっていくフランスの三〇年代の知識人たちのネットワークが存在している。バタイユを中心とする人々は国立図書館の蔵書を縦横無尽に使いこなすことによって、その思索を深めていったのではないだろうか。そのひとりとして社会学研究会に参加していたヴァルター・ベンヤミンをあげることができる。しかもベンヤミンの畢生の未完の大作『パサージュ論』（岩波書店）の草稿は国立図書館のバタイユの篋底《きょうてい》に秘められていた。こうしたエピソードから判断すれば、バタイユと図書館、というテーマはこれからの研究領域となっていくと考えざるをえない。

バタイユは晩年をオルレアン図書館長としてすごした。彼をオルレアン図書館長として迎えることになったオルレアンの市民は、バタイユを悪魔とよんだという。三十年近く前になるが、渡仏した時オルレアン図書館を訪ねたことがある。フランスの暗い冬、陰鬱な雲の下にその図書館はあった。エレーヌ・カドゥというバタイユの秘書だった女性が当時まだ在館していて、私をその中庭に案内してくれた。バタイユほど勉強した人はいなかったと何度もいい、ベンチをさし、バタイユはここで倒れ、しばらくして死んだといった。

4　コミックのなかの図書館

映画に出現する図書館の場面を追跡した、飯島朋子の『映画のなかの図書館』（日本図書刊行会）を読んでいると、図書館ばかりでなく、映画のなかの本や書店に関する記憶が甦ってくる。本で最も印象に残っているのは、パゾリーニの『テオレマ』でテレンス・スタンプが読んでいた『ランボー詩集』だ。登場人物たちが砂漠へと誘われていくことを暗示しているような書名。『テオレマ』は映画と本との完璧な婚姻を物語っている。そしてテレンス・スタンプは後に『ランボー　地獄の季節』で実際にランボーを演じることになる。

本と読者との凶々しい出会いの場として書店が描かれた映画もある。それは市川崑の『破戒』である。モノクロの画面のなかに、明治末期の信州の書店の風景が出現する。老婆が店番をしていて、その書棚は書店のようではなく、本もわずかしかない。しかしそれが逆に明治時代の書店像をリアルに伝えているし、島崎藤村の原作では雑誌店となっていた。そこで市川雷蔵の扮する丑松が『懺悔録』という新刊書を買い求める。ちょうどそれはその時代に書店で本を購うことが事件であったことを意味し、そこからこの映画も原作も読者と本と作者という三位一体を中軸にして物語が展開されていくことになる。その物語の始まりの場として書店が象徴的に描かれているのだ。

ここ数年、明治から始まる近代文学を作者・出版社・取次・書店・読者という流通システムから読み直す試みを続けている。作者と作品に関する近代文学研究は汗牛充棟の状態にあり、読者論も外山滋比古（『近代読者論』、みすず書房）や前田愛（『近代読者の成立』、有精堂）、山本武利（『近代日本の新聞読者層』、法政大学出版局）によって開拓された。しかしいわゆる近代読者社会の流通システムである出版社・取次・書店の研究はまったく未整備のままであるといっていい。最近になって、ようやく山本芳明の『文学者はつくられる』（ひつじ書房、二〇〇〇年）や永嶺重敏の『モダン都市の読書空間』（日本エディタースクール出版部、二〇〇一年）が出現してきているが、出版流通システムの研究はまだ始まったばかりだ。丑松と『懺悔録』の出会いもまたそのような流通システムの成立を抜きにして語ることができないように思われるのである。これに図書館の存在も付け加えることができる。しかしまた近代文学において図書館の果たした役割も明確にされてはいない。

作者にとって出版社とは何であったのか。多くの作者の前身が編集者であり、田山花袋は博文館を、上林暁は改造社をその作品で描いている。読者あるいは作者にとって書店とは何であったのか。芥川龍之介や梶井基次郎の作品に登場する丸善、その顧問であった内田魯庵の果たした役割とは何か。幸田露伴や樋口一葉にとって、湯島聖堂の帝国図書館の存在とは何であったのか。

作者と作品が誕生する以前に、あるいはパラレルに出版社、書店、図書館というトポスがひっそりと存在していたという事実は、それらが近代文学を培養する土壌であったように思える。

近代文学に出現しているそれらの風景を抽出して、近代文学を読み直すこと、すなわち出版社や書店や図書館のある風景と本の風景を交錯させ、アンソロジー化することを考えてきた。そしてその延長線上にコミックのなかの出版社や書店や図書館をリンクさせて現在へ繋げていこうと構想し、意識してコミックを読んできた。

しかしコミックのなかに容易に出版社や書店は見いだすことができるが、図書館の風景をなかなか発見できないのである。たとえば図書館の風景があってもいいはずの関川夏央と谷口ジローの『「坊ちゃん」の時代』（双葉社）にすら、その風景はない。藤子不二雄の自伝コミック『まんが道』（中央公論社）は五千頁に及ぶ大長編であるが、図書館はわずか一頁しかない。二人が上京して、両国に下宿し、近くの区立みどり図書館へ資料を探しにいく場面で、かろうじて図書館が描かれている。コミックのなかに図書館のある風景をみつけることが困難だという事実は、おそらく藤子不二雄に象徴されるように、当時の図書館の蔵書が彼らの創作活動にとってほとんど参考にならないものであったことを告げているのではないだろうか。コミックに代表されるサブカルチャーの出現は図書館とはまったく関係ない場所においてなされたのであり、藤子不二雄ばかりでなく、当時の漫画家たちのインスピレーションの場とは書店や古本屋や映画館に求められていた。それゆえに図書館の風景が見いだせないのである。また戦後のコミックは赤本とよばれ貸本を主としていたため、現在からみれば信じられないようなマイナーな位置にあり、図書館の蔵書とは相反するジャンルであったといえよう。

こうしたコミックと図書館の不幸な関係は解消されたのであろうか。図書館のうちのどれほどが現在、コミックの基本蔵書を備えているであろうか。

最近になってようやく図書館を舞台にしたコミックをふたつ発見した。それらは大友克洋の「星霜」(『ハイウェイスター』双葉社)と榛野なな恵の「ホワイト　モスリン」(『Papa told me』17巻、集英社)。ぜひ一読を。

5　発禁本図書館

かつて澁澤龍彦が「『地獄』棚の魅力」(『澁澤龍彦集成』第Ⅶ巻、桃源社)というエッセイを書き、パリ国立図書館では公開禁止のエロティックな文学の並んでいる棚を「地獄」棚と称していると紹介していた。澁澤によれば、欧米の図書館には「地獄」棚に類する書物がかなり所蔵されていて、それぞれ「アルカナ」(秘密の棚)、「デルタ」、「地獄の穴」、「宝物庫」とよばれているという。日本の公共図書館には、これらの欧米の図書館の「地獄」棚に相当するものがあるのだろうか。

いやあるわけがない。ひたすら忌むべきものとして直視してこなかったのが、日本の公共図書館の歴史であり、そのことによって書物の世界の豊饒性の構築を怠ってきたといえるのではないだろうか。

それゆえに、必然的に日本の「地獄」棚文献の収集は民間コレクターの手によってなされるしかなく、それらは公共図書館の棚とはまったく異なるもうひとつの書物の宇宙を出現させることになる。その典型的な書物として、一九九九年、別冊太陽の『発禁本』（平凡社）が出版された。別冊太陽シリーズには、書物をめぐる優れたものが数あるが、この『発禁本』はそれらのなかでも白眉といっていいし、質量ともに最も充実したものとなっている。これは書物愛好家でコレクターとして知られた城市郎の明治から平成にかけての発禁本コレクションを、ムックのかたちでビジュアルに集成したものであり、この本を通読、通覧していると、日本の書物の近代について様々な感慨をかきたてられる。

城市郎の「発禁本」シリーズは、一九六〇年代から桃源社選書で刊行されていたし、当時何冊かそれらを読んでいた。しかしあらためてビジュアルにムック判で編集されたこの別冊太陽の『発禁本』を読むと、城市郎の発禁本収集にかけた凄みと発禁本の宇宙とでもいったものがクローズアップされ、それがまた明治以来の近代出版業界のもうひとつの歴史となっていることに気づかされる。現在では忘れさられてしまったが、ポルノグラフィから社会主義文献、小説に至るまで、それらが絶えず国家の検閲の対象であった時代の出版業界を垣間見ることができる。

そして発禁本という書物のみならず、それらを送り出した作者、翻訳者、編集者、出版社といった存在、あるいは発禁本の出版を支えた印刷や製本の人々、読者や民間の書物愛好家、それから近代の過程で形成された出版社・取次・書店という出版流通システムとの関わりあいにまで想像が及ぶのである。そうした意味において、城市郎の発禁本収集にかけた無私の情熱に感謝したいし、彼の長年にわたる営為がなかったならば、このようなもうひとつの出版史も描かれることなく、発禁本の数々も忘却の彼方へ沈んでしまっていたことだろう。したがって、この『発禁本』は建物こそないが、まさに発禁本図書館として、あるいは紛れもない日本の「地獄」棚として、私たちの前に出現してきたことになる。しかし現在の日本において、ポルノグラフィは解禁され、小説も検閲の対象とならず、社会主義文献の出版はもはや消滅の過程にある。それならばこれからの「地獄」棚は何によって構成すべきなのだろうか。私見によれば、それらは自販機本、ビニール本、ヘアヌード写真集、アダルトビデオということになる。これらは数十年すれば、日本の八〇年代から九〇年代にかけての性風俗、女性の身体、セクシュアリティの実像の記録として貴重な資料となるだろう。

自販機本は七〇年代後半、ビニール本は八〇年代に猖獗をきわめた。いずれも出版業界のアンダーグラウンドとして出現し、自販機本の表紙には「書店で文化を買う時代はもう終わった」というコピーが銘うたれ、単にエロ雑誌とはかたづけられない、奇妙で猥雑なエネルギーにあふれていた。『クイック・ジャパン』(太田出版)の一三号が、自販機本の特集を組み、また竹熊健太郎の「天国桟敷の人々」という自販機本の世界と人々に関する連載を始めている。白夜書房や英知出版のルーツもそこにあるのだ。同じくアンダーグラウンドのビニール本もCD－ROM化が始まっていると聞いている。

九〇年代になって、正規の出版流通システムによりヘアヌード写真集が全盛となったが、その起源はビニール本にある。またビデオレンタル店の膨張により、アダルトビデオは年間六千点という新刊文庫点数に匹敵するほどの制作量をみている。ヘアヌード写真集に関しては、全点収集しているというエッセイストの井狩春男によって『井狩春男のヘア・ヌード完全カタログ』（飛鳥新社）が編まれた。残るはアダルトビデオだけが資料としてその出現をみていない。

年間制作六千本というアダルトビデオを単なるエロビデオの群れとみなしてはいけない。この恐るべき量は、ここ数年、質へと転化し始め、怪作、奇作、傑作と評してよいものが、長崎あずま、ヘンリー塚本、バクシーシ山下、安達かおる、といった監督によって制作されている。アダルトビデオ図書館の成立は望むべくもないが、この分野における城市郎の出現を期待したい。

6　亡命者と図書館

犯罪者から作家になったジャン・ジュネは驚くべき古典的で典雅な文体を自在に用い、獄中で『花のノートルダム』（新潮社）や『薔薇の奇蹟』（新潮社）といった作品を書き上げた。後年、その文体をどのようにして体得したのかと問われ、「刑務所の図書館の蔵書がよかったからだ」と答えている。しかし近年のジュネ研究書によれば、ジュネはその一生を「読書しながら旅をし、読書する通りに旅をする」（J・B・モラリー『ジャン・ジュネ伝』、リブロポート）ことですごし、恐るべき読書家であったことが明らかにされている。獄中を出た後も、一切を所有せず、絶えず数冊の書物とともに、世界を放浪する、いわば亡命者としての人生を送り、「死にもの狂いで読み、死にもの狂いで書」（同前）き、一九八六年モロッコに葬られた。

モラリーの『ジャン・ジュネ伝』著者自身が「ジャン・ジュネの架空の図書館」とよんでいるように、ジュネの生涯にわたる読書の追跡録といっていい。この研究書によって、「刑務所の図書館の蔵書がよかったからだ」というジュネの発言は否定されてしまうことになるのだが、亡命者と図書館というテーマで考えてみると、これほど核心をついた言葉は他にないようにも思える。

二〇世紀はいうまでもなく、戦争と革命の世紀であり、それは同時に亡命者の世紀でもあった。亡命者たちは祖国を追われ、亡命した国の図書館でそれぞれの代表作を書いた。マルクスは大英博物館で『資本論』（岩波文庫）を、ベンヤミンはパリ国立図書館で『パサージュ論』を、レーニンはチューリッヒ県立図書館で『帝国主義論』（国民文庫）を、レヴィ＝ストロースはニューヨーク市立図書館で『親族の基本構造』（青弓社）を。これらの事実は何を物語っているのか。それは「亡命先の図書館の蔵書がよかったからだ」ということを示していはしないか。

亡命者と図書館に関する研究は外国においても、私見のかぎりでは一冊も出版されていない。亡命者に関するまとまった邦訳書ローラ・フェルミ他『亡命の現代史』（全5巻、みすず書房）、S・ヒューズ『大変貌』（みすず書房）、L・A・コーザー『亡命知識人とアメリカ』（岩波書店）を読んでも、亡命者と図書館に関する記述はまったく発見できない。亡命者の本格的な研究とは二一世紀の課題であるのかもしれず、ヒューズもまた三〇年代のヨーロッパ知識人のアメリカへの亡命は七〇年代になってようやく重要な文化的出来事として認識されるに至ったと『大変貌』のなかで述べている。

アメリカにおける二〇世紀後半の心理学、精神分析、社会学、経済学、政治学といった様々な人文科学、自然科学の隆盛とは他ならぬ亡命者たちの存在に多くを負っているのであり、「幾千ものヨーロッパ人が一般教養や専門知識、伝統や独自の能力がつまったトランクを提げて国全体に散っていった」（『亡命の現代史』1）。これらの亡命者たちの多くはナチズムによってドイツを追われたユダヤ系ドイツ人であった。

しかし彼らはどうして「一般教養や専門知識、伝統や独自の能力がつまったトランク」を持って、アメリカへと亡命することになったのか。それらの亡命者たちのスキルを可能にした背景とは何なのか。それは二〇年代のワイマール文化のもとに出現した特異な図書館であったように思える。

ハンブルクのワールブルク研究所、ベルリンの精神分析研究所、ドイツ高等政治学院、フランクフルトの社会研究所、ワイマールのバウハウス、これらのワイマール時代に創設された研究所はそれぞれの分野での優れた蔵書を揃えていた。特にワールブルク研究所の文化史文庫は、ピーター・ゲイが『ワイマール文化』（みすず書房）で述べているように、驚くべき豊饒性を備えた蔵書であり、カッシーラーの『シンボル形式の哲学』（岩波文庫）をはじめとする美術、哲学、言語学の名著を生み出すことになった。他の研究所の図書館についての記述はみつけることができないが、ワールブルク文庫と同様の作用をそれぞれの研究者たちに与えたにちがいない。つまりそれは「図書館の蔵書がよかったからだ」。

こうしたワイマール文化のもとに花開いた特異な図書館を背景にして、亡命者たちはアメリカへと向かったのである。彼らは読者を失い、蔵書を失い、ほとんど身ひとつでアメリカへたどりつき、大学や研究所へと向かう。そして前述したように、アメリカの二〇世紀後半の人文科学、自然科学を活性化させた。それを可能にしたのはやはり「亡命先の図書館の蔵書がよかったからだ」。

日本の八〇年代から九〇年代にかけては、公共図書館の時代であったといえよう。しかし二一世紀に出現してくる著者たちは「公共図書館の蔵書がよかったからだ」というであろうか。

7 CIE図書館

敗戦に続く連合国最高司令官総司令部（GHQ）による日本占領が、日本の政治、経済、文化、生活様式に対して及ぼした影響に関する研究は数多く出版されている。占領が戦後の日本社会を現在に至るまで深く呪縛しているのは明白であり、占領の光と闇は至るところにその痕跡を残している。

それは図書館も例外ではない。戦後の日本の公共図書館の成立や歴史も占領とともに始まっている。日本の公共図書館史をたどりながら、占領と図書館の関係を認識してみよう。一九四五年、GHQ民間情報教育局に図書館担当官というポストが設けられた。その翌年に来日したアメリカの教育使節団には、シカゴ大学図書館のレオン・カーノフスキー教授が加わっていた。使節団の報告書は、来るべき日本の図書館の在り方について、戦争による図書館の破壊からの復旧、利用者の差別撤廃、専門司書の導入、無料貸し出し制度、公費による運営、都市における中央図書館と分館の設置、児童図書の充実を提言した。この「米国教育使節団報告書」は、『教育学大事典』（第一法規出版）の第六巻「資料・索引」に収録されている。

これを受けて、教育改革の一環として一九五〇年に図書館法、五三年に学校図書館法が成立し、現在の公共、学校図書館の原型が誕生したのである。

これらの提言のかたわら、ＧＨＱは一九四五年にＣＩＥ（Civil Information and Education Section）図書館を内幸町の旧ＮＨＫビルに開設した。その後、ＣＩＥ図書館は四八年までに十七の主要都市に設置され、さらに各地の要請に応じて六センターが加えられ、二十三センターとなった。こうして占領下の日本において、ＣＩＥ図書館は無料公開、貸し出し、開架方式により、アメリカ人司書によって運営され、地方都市の日本人にも利用されたのである。

日本の各地に設置された占領下のＣＩＥ図書館の実像とは一体何であったのだろうか。私たちはその風景を残念ながら記憶していなかった。しかしわずかではあるが、大江健三郎が一九八七年に発表した『懐かしい年への手紙』（講談社）のなかで、ＣＩＥ図書館がアメリカ人という人種の発見の場であったと記していた。大江は紛れもなく、占領下のＣＩＥ図書館利用者だったのだ。近年『取り替え子《チエンジリング》』（講談社）では、『懐かしい年への手紙』の一シーンであったＣＩＥ図書館が、主要な舞台として設定され、そこに登場人物たちが一堂に会するのである。これまで、大江は少年時代をすごした四国の谷間の森を多くの作品で描いてきたが、町へ出てきた高校時代を作品のなかに取りこんではいなかった。六八年のある年譜には「幼少年時代の年譜的事実について、大江はまだほとんど語らない」(小笠原克「大江健三郎年譜」『日本の文学』76、中央公論社)とある。その後の七八年の年譜にそれまで語られていなかった高校時代がようやく姿を現わす。しかしこれも自筆年譜ではなく、編集部の作成によっている。「二十六年(昭和三一年、引用者注)、松山東高校に転校。文芸部に入り(中略)、主として詩、評論を書いた。在学中、伊丹万作の長男で、後に俳優となった伊丹十三と親交を結ぶ」(『新潮現代文学』55、新潮社)。

過去と現在が交錯して、いわば死者との対話のかたちで進行する物語である『取り替え子《チェンジリング》』はこの高校時代を背景としている。作品論や作家論の場ではないから、ここでは物語の構造に深く立ち入らない。しかしフィクションであるにしても、CIE図書館に関する記述は事実であるように読めるし、それが知的好奇心あふれる地方の高校生にとって何であったか想像できる。主人公の古義人はベルリンでそのことを回想する。「戦後七年目、まだ被占領下で、十七歳の古義人は松山のCIE図書館で受験勉強をしていた」。当然のことながら、CIE図書館は受験勉強だけでなく、読書の場であった。後に妻となる少女によって「本を読む人」と規定された古義人は、ブレイクの詩集を読んだり、ランボーの原書を手にして、オックスフォードの仏英辞典を引きながら書きこみをしている。私の所有しているオックスフォード大学出版局の仏英辞典 *The Concise Oxford French Dictionary* は、四七年の改訂五版であるから、古義人が操っている辞書と同じものであるかもしれない。さらにCIE図書館は室内楽のレコードコンサートの会場でもあった。一九五二年に四国の松山でそんな風景が繰り拡げられていたのは驚くべきことのように思えるし、それは大江文学の谷間の森とは異なるもうひとつの原風景といえるかもしれない。

古義人は、ＣＩＥ図書館でマーク・トウェインの『ハックルベリー・フィンの冒険』の原書を精読し、そのことでアメリカ文化情報局の表彰を受け、それが新聞に掲載されたことによって、登場人物たちがＣＩＥ図書館に集結し始める。伊丹をモデルとしている吾良、図書館に勤務するアメリカ人ピーター、古義人の亡父の弟子の右翼たち。かくして占領下のＣＩＥ図書館は物語のトポスと化す。古義人の読書する行為がその導火線となったのだ。そしてＣＩＥ図書館ともうひとつのトポスである谷間の森との往還によって、事件が惹き起こされていく。ＣＩＥ図書館＝アメリカと谷間の森＝日本との間に孕まれる事件として。したがって『取り替え子《チェンジリング》』は占領下の図書館の物語とも読めるのである。

8　山中共古と図書館

五年がかりの懸案であった山中共古の『見付次第／共古日録抄』をようやく出版することができた。出版した二〇〇〇年は奇しくも山中共古の生誕百五十年に当たる。山中共古は旧幕臣で、メソジスト教会の牧師であり、柳田国男によって日本民俗学の祖と仰がれ、柳田国男の初期の著作である『石神問答』は山中共古との共著といってもいいと思われる。

近年、山中共古と彼が深く関わっていた雑誌である『集古』(思文閣出版より全冊復刻)は、山口昌男の『「敗者」の精神史』(岩波書店)『知の自由人たち』(日本放送出版協会)『内田魯庵山脈』(晶文社)によって精力的に紹介されつつあるが、その著作はほとんど絶版、品切であり、その他にも重要な著作が未刊行のままとなっている。『見付次第』や『共古日録』もまたそうした著作であり、山中共古研究とそのルネサンスの手がかりともいうべき『見付次第/共古日録抄』を刊行できたことは感慨深いものがある。

そのことは別にして、この本の刊行次第や山中共古の周辺をたどっていくと、図書館尽くしという色彩をまとって、山中共古が浮かびあがるのである。それを記しておこう。

まず、著者の山中共古は長年にわたるメソジスト教会の牧師を引退してから、青山学院の図書館に勤務し、図書館長としてその晩年を終えた。『見付次第』は慶應義塾大学言語文化研究所の図書館に、『共古日録』は早稲田大学図書館に所蔵され、今回の出版はこれらの原本をもとにして起こしている。著者も原本も図書館に由来している。さらに監修者の後藤総一郎は明治大学の図書館長であり、出版社である私のところのパピルスは『理想の図書館』という本を処女出版することによって始まっている。すなわち、『見付次第/共古日録抄』の出版は、著者、原本、監修者、出版社がすべて図書館というタームで結びついてなされたといっていい。

それぱかりではない。山中共古の主たる寄稿雑誌である『集古』もまた図書館の色彩に覆われている。『集古』は明治二九年に創刊され、昭和一九年終刊まで約五十年間にわたって全百八十九冊が発行された集古会の会誌である。集古会とは「組織的研究を目的とする学会では無くして趣味を生命とする好事家の寄合」であり、その会員は「太平の逸民」(内田魯庵)であった。それゆえにこそ『集古』は「街頭のアカデミー」(山口昌男)を実現していたのである。

その集古会の二百回を記念して、昭和一〇年に『千里相識』(復刻版の他に、『書物関係雑誌細目集覧』一、日本古書通信社)という会員名簿が刊行された。その会員は北海道を除いて全国各地方、台湾、朝鮮にまで及び、二百五十二名を数えている。この会員名簿を繰ってみると図書館や博物館に関係する人々が多く見いだされるのである。それらの人々を抽出してみる。

三上参次　帝大史料編纂掛、史料編纂官
市島謙吉　早稲田大学図書館長、日本図書館協会会長
狩野享吉　東北大学図書館狩野文庫
河竹繁俊　早稲田大学演劇博物館館長
和田千吉　帝室博物館員
幸田成友　日本図書館協会会員
斉藤隆三　三井文庫

遠藤佐々喜　三井文庫
森潤三郎　京都図書館
関保之助　帝国博物館学芸委員
森銑三　東京帝大史料編纂所図書館
大橋義三　宮内省図書寮編集員
東甚五郎　川喜田家千歳山文庫係
樋畑正太郎　逓信博物館創立者
神田喜一郎　京都国立博物館初代館長

これらの人々の他に唯一の法人として、慶應義塾図書館の名前がある。『千里相識』は昭和一〇年に作成された名簿であるから、創刊以来何度にもわたって刊行された名簿、あるいは『集古』に掲載されている新会員リストをみるとさらに多くの図書館関係者をあげることができる。たとえば和田万吉／東京帝大図書館館長。縁戚関係者をたどれば、会員の新村出の次男、新村猛／京大図書館。

もちろん図書館、博物館関係者ばかりでなく、『集古』の会員には様々な職業の人々が加わっている。教師、医師、古本屋、表具師、画家、銀行員。しかしこれらの人々もまたほとんどが図書館愛好者であったと考えられるし、山中共古と『集古』の人々は趣味や好事によって結びついていたばかりではなく、図書館という近代のアーカイブによって支えられていたように思える。それはなぜだろうか。『集古』が創刊された時代は明治の近代化がすさまじく加速し、近世との切断が進行していた。そのかたわらで立ち上がってくる近代の図書館、それは近世へのタイムトンネルのようなものではなかっただろうか。おそらくそのようなものとして図書館は機能し、『集古』という「街頭のアカデミー」と結びつく。ともに開かれたアーカイブとして。図書館と「街頭のアカデミー」との美しい蜜月の時代が確かにあったのだ。

9 燃える図書館

デイヴィッド・ハルバースタムの『ザ・フィフティーズ』（新潮社）は、タイトルが示すように、一九五〇年代のアメリカを描いた浩瀚なノンフィクションである。郊外の出現、大量生産される家、ファストフード、テレビの台頭。現在のアメリカ、いや日本の現在の消費社会の起源が、この黄金時代と称される五〇年代にあることを生々しく認識させてくれる。しかしこれらの背後で起きていたセクシュアリティの変化については、キンゼイ・レポート、サンガー夫人の性革命、モンローのヌードカレンダー、ピル解禁には言及しているが、深く踏みこんではいない。

アメリカのセクシュアリティの歴史をたどったスティーブン・サイドマンの『アメリカ人の愛し方』（勁草書房）によれば、五〇年代において、それまでのヴィクトリア文化に基づく性イデオロギーから自由意志的な性イデオロギーへと移行しつつあった。すなわち、生き方としてのフェミニズム、ジェンダー、ホモセクシュアル、レズビアンの問題が胎動し始めようとしていたのである。

五〇年代に芽生え、七〇年代から八〇年代にかけて徐々に文学として結晶したそれらのうちのゲイ文学は、九〇年代になって日本で翻訳紹介されるようになり、かなりの売れ行きと波紋をよんだ。そのゲイ文学のなかで重要なのは、フランスのエルヴェ・ギベールの『ぼくの命を救ってくれなかった友へ』（集英社）に始まる一連の作品、アメリカのエドマンド・ホワイトの『ある少年の物語』『美しい部屋は空っぽ』（いずれも早川書房）であろう。

アメリカのゲイ解放運動はニューヨークのゲイバーへの市警の手入れを発端にしていて、それは店の名前をとってストーン・ウォール暴動という、ゲイ解放運動史における画期的事件であった。ホワイトも『美しい部屋は空っぽ』でその事件を描いている。そしてまたアメリカの五〇年代の風景とその精神の見取図を次のように記している。「外見も思想も行動も、すべて同一でなければならない時代であり場所だったのである。（中略）人々にとって憎むべき三大悪とは、共産主義とヘロイン中毒とホモセクシュアルだった」。

しかし八〇年代からホモセクシュアルの文学もまた変貌を遂げ、ゲイからクイアという呼称のもとに、ジェンダーレスなセクシュアリティの可能性と国家や民族の境界をこえるひとつの新しい生き方を描く方向に向かった。そうしたゲイ文学において、アメリカで最も卓越した作家であるホワイトに『燃える図書館』（河出書房新社）という、七〇年代から九〇年代にかけて書かれたエッセイ集がある。これはホワイトの四半世紀にわたるノンフィクション集成であり、ゲイ文学の極めて現在的な作家論、小説論ともなっている。その多くはゲイの作家、批評家であり、エイズなどによって世を去っている。ミシェル・フーコー、トルーマン・カポーティー、ウィリアム・バロウズ、ロラン・バルト、ピエロ・パオロ・パゾリーニ、ジャン・ジュネ、ギベール。読書や文学的人生、文学の生命についての行き届いた読解による、ゲイ文学者でなければできないと思われる奥行の深い作家論、小説論であり、ゲイ文学の図書館として屹立している。彼らの作品はゲイというマイノリティやボーダーの視点から読まれることによって、新たな色彩を帯びるのである。

『燃える図書館』の原題は文字通り *The Burning Library* であるが、直接的に図書館を意味してはいない。訳者の解説によれば、それはホワイトの友人の文化人類学者がカリブ海諸島の文化を研究中に発見した現地の言葉であり、長い歳月を生きてきた人間の頭脳に蓄積された巨大な記憶と知識が肉体と一緒に葬られることを意味している。しかし死者たちの記憶と知識を文章や口伝で伝承すること、それがホワイトが『燃える図書館』というタイトルにこめた願いであったように思える。事実そのようにして死者たちは『燃える図書館』のなかに埋葬された。

エドマンド・ホワイトの翻訳は、『螺旋』（早川書房）を除いてすべて柿沼瑛子によってなされている。入念な翻訳であり、作品ごとに丁寧な解説がほどこされている。『螺旋』も解説は柿沼瑛子である。柿沼瑛子には共編著として、『耽美小説・ゲイ文学ブックガイド』（白夜書房）があり、それこそジェンダーをこえて、ホワイトの文学世界に関して深い共感を持っていることがうかがえる。

ところで、図書館においてはゲイ文学はどのように扱われているのだろうか。『ある少年の物語』は外国文学の棚ではなく、ヤング・アダルトのコーナーにこそひっそりと置かれてほしい。最後にホワイトの『燃える図書館』のなかの「読書について」の一節を引用しよう。「わたしが作り上げ、あるいは持ち続けたロマンスが何であれ、わたしが従おうとした芸術家としての概念がどんなものであれ、わたしが旅した場所がいかなるものであれ、いかなるイマジネーションに取りつかれようと、それらはみな、わたしが子供時代に読んだ頁の脚注に過ぎないのである。なぜならメリルはわたしたちの人生をいみじくも『偽装されたフィクション』と呼んでいるではないか」。ホワイトの子供時代とは紛れもなくアメリカの五〇年代である。

10　円本と図書館

大正一五年一一月、改造社は一冊一円の予約頒価出版で、『現代日本文学全集』の刊行を開始した。菊版、三段組み、六号活字ルビつき、各巻平均五百頁という廉価出版は、予約部数が三十五万部に及び、出版業界に出版革命を巻き起こした。これがいわゆる円本の誕生であり、この時代から現在に至るまでの本の大量生産、大量消費が始まったのである。『現代日本文学全集』は当初三十七巻の予定であったが、その後増補され、六十三巻を刊行し、倒産寸前であった改造社はこの企画によって経営危機を脱した。

改造社の『現代日本文学全集』の成功に刺激され、他の出版社もなだれをうつように円本の出版を続々と企画、刊行するに至り、出版業界は五年近くにわたって、円本合戦を繰り拡げることになった。そうした出版業界の風景について、昭和二年の『現代日本文学全集』の第二回予約募集の内容見本は次のように述べている。

「記念すべき改元の秋から冬にかけて吾が日本の文明史上最も意義あり、またセンセエショナルな出来事は吾が社の『現代日本文学全集』の出版でありました。それこそ嵐の如き全国民の歓呼裡に殺到する予約申込者は全国各書肆の店頭に市をなすという白熱的光景を呈しました。（中略）この出版はひとり吾が文化に貢献したるのみでなく、またわが出版界に一大革命を惹き起し、この計画を模倣してかまるで雨後の筍の如く類似の一円全集が簇出したのであります」。

同時期に出版された主なものを列挙してみる。『世界大思想全集』（春秋社）、『世界戯曲全集』（近代社）、『大思想エンサイクロペヂア』（春秋社）、『日本随筆大成』（吉川弘文館）、『現代大衆文学全集』（平凡社）、『世界美術全集』（平凡社）、『日本児童文庫』（アルス）、『小学生全集』（興文社）、『世界文学全集』（新潮社）、『明治大正文学全集』（春陽堂）、『近代劇全集』（第一書房）。

昭和二年だけでも、たちどころにこれらをあげることができる。とにかく、空前の円本出版ラッシュの時代を迎えたのであり、それは昭和四年まで続き、この時期を円本時代という。円本時代に出版された講座、叢書、長巻物を含む全集類、シリーズ物は、三百数十種に及んでおり、ありとあらゆる分野の書物が百花斉放の如く刊行された。そのリストは、橋本求の『日本出版販売史』（講談社）に、十一頁にわたって掲載されている。

円本は出版業界のみならず、文化、社会、経済的な事件であると思われるが、その総合的研究は七十年以上すぎた現在でもまだ現われていない。その功に関しては、新しい読者層の獲得が様々に指摘され、また罪については同時代に宮武外骨が私家版パンフレットで、『一円本流行の害毒と其裏面談』を出版している。また広告、内容見本、月報に関する研究は石川弘義、尾崎秀樹『出版広告の歴史』（出版ニュース社）、紀田順一郎の『内容見本にみる出版昭和史』（本の雑誌社）、青山毅の『文学全集の研究』（明治書院）がある。しかし戦前の出版業界がそうであるように、円本や円本時代の全体像は依然謎のままであるように思える。それは短期間に集中的に出版され、終焉してしまった大量生産の本の宿命でもあるのだろうか。

そうした謎を秘めた円本を題材にして、図書館を舞台としたミステリが、紀田順一郎の『第三閲覧室』（新潮社）である。この作品はミステリという体裁をとっているが、主題は本と図書館をめぐる書物譚であり、これまでなかった図書館小説とよんでいいように思われる。何よりも目次がそれを如実に示している。入館、検索、借出、閲覧、複写、返却、退館という目次の配置は、図書館利用者の典型的な行動様式であり、そのように物語は進行し、事件も図書館のなかで起き、謎解きの大団円も図書館で迎えるのである。登場人物たちはほとんどが図書館関係者であり、犯罪の謎もすべてが図書館に収蔵されている本のなかに潜んでいる。

舞台は東京郊外の誠和学園大学の図書館である。誠和学園大学は新設の大学ではあるが、学長は一九世紀の英文学の洋古書や日本の近代文学の稀覯本のコレクターとして知られていて、図書館の蔵書の充実を大学の特色にしようとしている。そのため学部に図書館情報学部があり、図書館の建物はドイツのバイエルン図書館を模したものであり、大学のシンボル的な存在である。図書館は地下一階、地上四階建、そして四階に学長のコレクションを収蔵した第三閲覧室がある。図蔵書を燻蒸中の、この第三閲覧室で大学図書館の元司書の女性が遺体となって発見された。物語の誘導人物となる島村は、出版史を専攻し、古書や図書館の分野に詳しく、新聞社出版部に在籍していた図書館情報学部の主任講師であり、「昭和初期円本の社会経済的背景」という論文を執筆中である。

円本と第三閲覧室の遺体はどのような関係にあるのか。殺人はどのようになされ、犯人は誰か。答えはすべて図書館のなかにある。

11　古本屋、限定本、図書館

「円本と図書館」の項で、改造社の『現代日本文学全集』の大量生産による廉価販売の成功についてふれた。改造社に始まる円本の成功の余波は、その後の出版企画が大量生産と廉価に向かい、円本を出版しなかった岩波書店の昭和二年の岩波文庫創刊として表われる。そして昭和四年には改造社文庫、続いて新潮文庫、春陽堂文庫が刊行され、出版業界は円本時代から文庫時代へと移行する。それは職人的手工業による出版から機械化を伴う工業出版への変容でもあった。本の近代化が出版業界にも訪れていたのだ。

しかし、『現代日本文学全集』に収録された、あるいは文庫化された、それぞれの作家や作品は、円本の売れ行きに示されたようなベストセラー作家でも、ベストセラー作品でもなかった。

それ以前の個々の作家や作品に戻るならば、円本や文庫以前の単行本はおそらくほとんどが五百部から千部といった初版部数で出版されていた。それらの多くは博文館、春陽堂、新潮社といった文学史に名を残す出版社から刊行されたのではなく、出版史や文学史にも記述されることのない無数の小出版社によってなされたのである。そうした出版の前史があって初めて『現代日本文学全集』の企画の成立も可能だったのであり、明治以来の小出版社の出版営為の集積でもあった。

たとえば、紅野敏郎の『大正期の文芸叢書』（雄松堂出版）を読むと、短い大正時代に驚くほど多くの文芸叢書が刊行されていたことを教えられる。その数は九十種近くに及び、刊行総冊数を考えると想像以上に多くの作品が出版されていたのである。しかしそれらを刊行した出版社はほとんど消滅している。出版社は消滅しても、作品は残り、それらは現在でも生き続けている。これらが『現代日本文学全集』に流れこんだ出版業界の地下水脈だったのだ。現在刊行中の『編年体大正文学全集』（ゆまに書房）もまたそれらの投影である。

ところで『大正期の文芸叢書』は小説中心であるから、詩集の出版に眼を転じてみよう。小説ですらも小部数の時代であったのだから、詩集に関してはさらに部数が限定され、商業的とはとても考えられないマイナーな出版であり、それらを刊行した出版社名すらも忘れ去られている。研究者を除いて、宮澤賢治の『春と修羅』の出版社名をたちどころに答えられる人がいるだろうか。『春と修羅』大正一三年、関根書店発行。私も記憶していなかった。詩集のコレクターとして著名な小寺謙吉と佐々木嘉朗によって編まれた『現代日本詩書綜覧』（名著刊行会）は、大正から昭和にかけての詩集の初版本の書影を六百冊以上掲載した大判の一冊であり、それらのすべてに出版社名が記されている。序文で瀧口修造が書いているように、この本のなかには確かに「ペンのみによる詩の歴史や世上の全集の類からは到底望みえないもの、すなわち詩集の形と存在そのものを通して訴えようとする詩の原形質のような何ものか」が感じられる。さらに付け加えれば出版の原初の営みのアウラすらもうかがわれるのだ。

こうした大正時代の小説や詩集の出版の精神を継承し、円本や文庫本に対する反動のようにして、大量生産の廉価本では味わえない出版物を限定本で刊行する出版社が出現してくる。それは昭和六年の白水社から始まり、江川書房、野田書房、書物展望社、アオイ書房、龍星閣、昭森社、ボン書店など、昭和一三年にかけてであった。これらの出版物の書影も『現代日本詩書綜覧』でみることができる。そしてこれらの出版物の発見と収集が古書業界を活性化させ、愛書家たちのエピソードを形成することになったのであり、実際に石神井書林の内堀弘は『ボン書店の幻』（白地社）を書き、ボン書店が何であったのかを追跡している。

限定本の世界からは様々な物語や神話が生まれているが、そのなかで最も有名なものは江川書房が昭和八年に限定三百部で出版した堀辰雄の『ルウベンスの偽画』である。三百部のうち第一冊本には東郷青児、第二冊本には古賀春江の「薔薇」の水彩原画が挿入され、特製本となっているらしいのであるが、誰もその実物をみたことのない幻の本なのである。限定本ならぬ幻定本的存在の古書といっていい。

この『ルウベンスの偽画』という限定本をモデルにして一編のミステリが、やはり出版史、書誌、古書に造詣の深い紀田順一郎によって書かれている。それは「殺意の収集」(『古本屋探偵の事件簿』創元推理文庫)である。『第三閲覧室』とは場所を異にして、舞台は神田神保町の古本屋、そしてコレクターと限定本と図書館というコードによって進行する物語は、『ルウベンスの偽画』ならぬ『ワットオの薄暮』の第一冊本が発見されたことから始まる。その古書価は五百万円は下らないと評価され、発見したコレクターは本の安全性を考え、江戸川橋図書館という公共図書館に寄託する。ところがそれが盗難にあったのだ。

現在の日本の公共図書館にあっては、詩集の初版本も限定本も蔵書から遠い世界にあるかもしれない。しかしそれらの出版があることによって、全集や個人全集も編集可能であったことを忘れるべきではない。

12　大橋図書館

明治二八年生まれで、明治の後半期に少年時代をすごした木版画家の川上澄生に『明治少年懐古』という美しい本がある。昭和一一年に版画荘から『少々昔噺』という題名で刊行されて以来、出版社を変えて何回も出版され、『明治少年懐古』という書名に落ち着いたようだ。書名にふさわしく、明治を懐古した版画とその文章は、明治追憶の書として白眉のものと思われる。

私が所有しているのは、昭和四二年に栃木新聞社から出版され、元版に数編の新作を加えた『新版明治少年懐古』である。版画の挿絵と散文詩とでも称すべき文章によって綴られた明治の風景と事物は、明治時代に生まれた人間にとって、この上なき郷愁に富んだ本のようで、序文で永井龍男は「もうずいぶんながい間、私は『明治少年懐古』を、身近から離したことがない」と書いている。それは明治時代を体験していない戦後生まれの私にもよく理解できるような気がする。失われてしまった過去の風景はどうしてあんなに美しいのだろう。

この『新版明治少年懐古』の一節に、「大橋図書館」がある。それは次のような書き出しである。「私は小学校尋常科の生徒の時分、よく大橋図書館に行つた」。そして図書カードを繰り、書名を書いて貸し出し係に持っていき、自分の名前がよばれるのを待つ。借りると、閲覧室の空席をみつけ、そこを自分の場所にして本を読んで一日をすごす。昼の食堂の風景、ジャム付き食パンとゆで小豆。そのことを川上澄生は何度も小学校の日記に書いたという。図書館と少年の出会いの美しい物語がここにある。大橋図書館は当時開館したばかりだ。川上澄生のような少年が、大橋図書館にはたくさんいたのだろう。同世代の芥川龍之介もそのひとりだった。自伝的作品『大導寺信輔の半生』（岩波文庫）に次のような一節がある。「彼は――十二歳の小学生は弁当やノオト・ブックを小脇にしたまま、大橋図書館へ通ふ為何度もこの通りを往復した」。

川上澄生や芥川龍之介をこのように魅了した大橋図書館とはどのような図書館であったのだろうか。大橋図書館は私たちの記憶から忘れさられて久しいが、幸いなことに『大橋図書館四十年史』という図書館史が残されている。これは大橋図書館の館長であった坪谷善四郎が、開館四十年を記念して執筆したもので、昭和一七年に博文館から出版された。この本と、博文館と大橋図書館を創立した同じく坪谷による『大橋佐平翁伝』(栗田出版会)と『博文館五十年史』(博文館)を参照して、大橋図書館を復元してみよう。

明治二〇年、『日本大家論集』を出版して博文館を創業した大橋佐平は、次々と雑誌を創刊して、またたく間に博文館を明治最大の出版社へと育てあげた。明治二六年出版人として初めて欧米外遊の旅に出、海外各地における図書館の充実を目撃し、日本においても図書館設立の必要性を痛感した。その当時日本において、図書館という名称はまだ普及しておらず、書籍館、文庫と称されていた。それらも全国に五十に満たなかった。

帰国後、大橋佐平は図書館のための収書を始め、十二万五千円を寄付して、図書館創立をめざしたが、病に倒れ、その遺志を息子の大橋新太郎が引き継いで、明治三五年に開館した。場所は麹町区六番町で、大橋佐平の自邸内であった。建物は百十一坪の木造二階建、書庫は煉瓦造三階建で、集められた図書は和漢書三万冊、洋書二千冊、内国雑誌三千五百冊、外国雑誌五百冊、その他合わせて計三万六千余冊であった。

貸し出し冊数は、開館十日間で書籍九千冊、雑誌二千八百冊、利用者は三千二百人に及んだ。

芥川龍之介が通い始めるのは開館の二年後、明治三七年であったと思われる。

大橋図書館の開館とその影響は、坪谷が「我国文化発展の歴史」といっているように、民間の図書館だけでなく、公立図書館の整備を促したのである。明治三九年に東京市は坪谷の図書館建議案を可決し、市立日比谷、深川、京橋、一橋図書館等、二十館が開設された。また大橋図書館は、日本の近代図書館の先駆けとして、無料貸し出しではなかったが、デューイの十進分類法の採用、夜間開館、児童書の充実、児童・女性閲覧コーナーの設置、児童・学生優待券の発行と様々な試みを実施した。

それればかりではない。各種蔵書目録の刊行、図書館事項講習会を開催し、図書館人を育成、映画や講演といった通俗教育講習会、ポスターや旅行ガイドの展覧会を定期的に開催し、いち早く現在の図書館活動の原型を示したのである。『図書世界』という雑誌も発行し、明治四〇年に発足した日本図書館協会が『図書館雑誌』を刊行し始めたのも、大橋図書館においてであった。

大橋図書館の影響は全国に波及し、昭和一七年頃には、官立、公立、私立を合わせて四千館という図書館が創られたという。近代日本の図書館は大橋図書館から始まったのだ。

13　江戸時代の文庫

一九九四年に、講談社の文芸文庫で刊行され始めた伊藤整の『日本文壇史』（第九巻から一八巻は没後刊行。一九巻から二四巻は瀬沼茂樹執筆）を再読しながら、作家や作品の受容の運命とはわからないものだと考えたことがあった。伊藤整は詩人として出発した小説家、批評家であり、またジョイスやロレンスの研究者、翻訳者であり、大学教師、エッセイストでもあり、多くの作品を残している。

しかし、後期のライフワークともいえる『日本文壇史』は、その死によって中断され、没後出版された全集にも収録されていないし、文学辞典等を参照しても、『日本文壇史』は代表作となっていない。瀬沼茂樹の担当部分の完成をもって、七〇年代末に完結新装版が刊行されたが、それ以後文芸文庫版となるまで十五年近く、絶版のままであった。そうした事情にもかかわらず、『日本文壇史』の投げかけた波紋は大きく拡がっていったと推測できる。山田風太郎の明治開化物にしても、関川夏央と谷口ジローの『「坊ちゃん」の時代』にしても、あるいは近年の明治文学ブームにしても、『日本文壇史』を抜きにしては語れないと思える。七〇年代までは伊藤整の小説は新潮文庫や角川文庫に多く収録されていたが、現在では一冊もなく、没後三十年たって伊藤整は『日本文壇史』の作者として、私たちの前に残っていることになる。

なぜこのようなことを考えたかというと、中村真一郎の遺著『木村蒹葭堂のサロン』(新潮社)を読んだからである。中村真一郎の小説もまた新潮文庫から姿を消し、『王朝文学論』だけが残っている。中村真一郎も伊藤整と同様に『四季』(新潮社)四部作の作家としてではなく、『頼山陽とその時代』(中央公論社)、『蠣崎波響の生涯』(新潮社)、『木村蒹葭堂のサロン』という評伝三部作の作者として読み継がれていくのではないかという気がするのである。伊藤整や中村真一郎はともにヨーロッパ文学の影響下に文学的形成をなしたことは明白であるが、そのいずれもが外国文学でも外国文学者でもない、日本文壇史や江戸の文人、画人の評伝によって、読み継がれていくことを彼らは予想していたであろうか。

さてそのことは脇において、大著『木村蒹葭堂のサロン』が私たちに伝えてくれるのは、江戸中期から後期にかけて、様々な文人たちが現在の図書館の原型である文庫を独自に構築し、その文庫を中心として近世の学問の交流と展開がなされていたという事実である。そのひとりが大阪在住の木村蒹葭堂であった。一八世紀半ばから一九世紀初頭に生きた木村蒹葭堂は、酒造家に生まれ、本草学、詩文、画、書、篆刻を修め、その蔵書は二万巻を数え、当時比類なき文庫であったようだ。中村真一郎は次のように書いている。

「蒹葭堂は、主人の好奇心と向学心のおもむくままに、堂の扁額をかかげてより十年の間に、全国は勿論、海外までの好奇な物、書画骨董類、本草学の標本類、更には厖大な蔵書の山が、増築した別館までにも溢れて、単なる書斎、書庫から、美術館、博物館へと面目を改めて行き、（中略）いよいよこの私設博物図書館を生涯の事業とする決心を固めて行った」。

そしてこの蒹葭堂のサロンは決して閉じられたものではなく、開かれた図書館であり、驚くほど多彩な人物たちが訪れ、そのネットワークは全国的規模に拡がっていった。一九世紀になると、蒹葭堂に刺激されてか、様々な蔵書家たちが文庫を形成し始める。そうした事情について、現役の図書館員である岡村敬二の『江戸の蔵書家たち』（講談社）と彼らの評伝が多く収録されている『森銑三著作集』（中央公論社）を参照して、紹介してみよう。これらの本のなかには主だった江戸の蔵書家たちの名前が登場しているが、文庫名が判明している人物とその文庫蔵書巻数をリストアップしてみる。

狩谷棭斎	青裳文庫	二万巻
屋代弘賢	不忍文庫	五万巻
小山田与清	擁書楼	五万巻
近藤正斎	擁書城	
新見正路	賜蘆文庫	
青柳文蔵	青柳文庫	二万巻

大田南畝　杏花園文庫　二万巻

これらの文庫は、木村蒹葭堂とも交流し、実際に大田南畝や谷文晁は蒹葭堂を訪ねている。このようにして、収蔵された文庫群はそれぞれが有機的に結びつき、江戸時代の書物の宇宙の総体を出現させることになり、塙保己一の『群書類従』の出版、蔵書家たちの研究書、著作の刊行となって、文庫から生み出される近世出版の在り方を示したのである。そうした意味において、江戸の蔵書家たちは現在とは比較しえないほどの幸福を体験していたのかもしれない。なぜならば、中村真一郎がいうように、「これらの数千人の知識人たちが、ひとり残らず中国古典、四書五経という共通の教養によって自己形成し、その文学的著作においても、いわばひとつの『文学共和国』を形成して」いたからである。文庫はその体現であった。

14　貸本屋と図書館

森鷗外の『ヰタ・セクスアリス』に次のような一節がある。

「寄宿舎は貸本屋の出入が許してある。僕は貸本屋の常得意であった。馬琴を読む。京伝を読む。

人が春水を借りて読んでいるので、又借をして読むこともある」。

こうした貸本屋体験は森鷗外だけのものでなく、幕末から明治初年にかけて生まれた文学者たちはいずれもが少年時代における貸本屋の思い出を語っている。

貸本屋の起源は明らかにされていないが、木版印刷が普及し、出版物が増加し始める江戸中期頃から盛んになった。その営業形態は笈や風呂敷に背負った行商から店舗へと発展し、近世の読者のインフラとなり、版元・貸本屋・読者という近世出版流通システムを形成するに至ったのである。貸本屋の数は江戸において六百五十から八百店あったとされている。出版社・取次・書店という近代出版流通システムが誕生するのは、明治二〇年代になってからであり、それ以前の明治前半期には近世から継続していた貸本屋によって、本は読者へと伝えられていたことを森鷗外の文章は示している。

近世の貸本屋については、長友千代治の『近世貸本屋の研究』（東京堂出版）や前田愛の「出版社と読者—貸本屋の役割を中心として—」（『前田愛著作集』二巻、筑摩書房）に詳しいが、明治前半期の貸本屋に関する研究は寡聞にして知らない。明治の出版史においても空白になっているように思われるし、明治後半期に台頭してくる書店や古本屋によって駆逐されたためであろうか。しかし貸本屋の存在は消滅してしまったわけではなく、ひそやかではあるが延命し、特に戦後の高度成長期には三万店を数え、現在のコミックの誕生と隆盛を促したのである。戦後の貸本文化については、梶井純の『戦後の貸本文化』（東考社）があり、最近になって『貸本マンガ史研究』

（シナプス）が刊行され始めている。これらの研究によって、戦後のコミックがどのように製作され、流通し、読者へと伝播していったのかが明らかにされつつあるが、戦後の貸本屋がコミックに果たした役割と同様、近世の貸本屋が近世出版、文学、読者にもたらした影響は計りしれない。しかも図書館のない時代にあって、店舗を構えた貸本屋の蔵書は驚くべき量に及んでいた。したがって江戸の蔵書家の文庫と貸本屋の蔵書は近世の図書館を形成していたのである。江戸時代後半には貸本屋は全国的に普及し、尾張名古屋の大惣は全国一の貸本屋でもあった。前記の『近世貸本屋の研究』では大惣について一章が割かれているので、それを参照して、大惣にふれてみよう。貸本屋大惣は、明和四年の創業から明治三二年の廃業に至るまで、百五十年間も続き、名古屋府下の武士階級はもとより、一般庶民にまで、町人の文庫として親しまれ、その恩恵を蒙った人々は広範囲にわたっている。地元の人間ばかりでなく、文化文政時代の江戸の文人たちも出入りし、なかでも滝沢馬琴や十返舎一九はしばしば大惣を訪ね、馬琴は「古人琴書酒の三を以友す」と始まる大惣賛の文章を残している。

明治になると、大惣を「恰も今の図書館代わりに」利用して、弁当持ちで通い、その蔵書を全部読んでしまった少年がいた。その少年は坪内逍遥であった。晩年になって坪内逍遥は大惣について、「少年時に観た歌舞伎の追憶」（『逍遥選集』第一二巻、第一書房）のなかで次のように回想している。

「とにかく、私の甚だ粗末な文学的素養は、あの店の雑著から得たのであつて、誰れに教はつたものでもなく、指導されたものでもないのだから、大惣は私の芸術的心作用の本地即ち『心の故郷』であつたといへる」。

日本の近代文学は坪内逍遥の『小説神髄』と『当世書生気質』によって始まったとされている。とすれば、日本近代文学の揺籃の地とは貸本屋大惣であり、それを「恰も今の図書館代わりに」利用した坪内逍遥がいなかったら、日本の近代文学の始まりは異なっていたのかもしれないのだ。そして坪内逍遥が資金を寄付して設立した早稲田の演劇博物館も大惣の記憶によって構想されたものではなかっただろうか。それが実現したのは大惣が廃業してから約三十年後の昭和初年であった。

坪内逍遥ばかりではない。これは榊原浩の『文学館探索』(新潮社)に教えられたが、愛知県には岩瀬文庫をはじめとする特色のある私立図書館が他県と比較して多く存在する。これらもまた貸本屋大惣の記憶の再現ではないだろうか。あるいはまた森銑三の出身地が愛知県刈谷市であることも偶然とは思われない。

大惣の廃業後、近世文学研究の一大資料であり、「二三代前から貸本を始め、家の掟として買ふことはあるも、決して売らぬ」(水谷不倒『明治大正古書価之研究』、駿南社)ことによって、二万部以上に及んだとされる蔵書は売却され、その大部分は国会図書館、東大、京大図書館に納められたというが、一部は流出したようで、国文学者の稲垣達郎は『角鹿《つぬが》の蟹』(筑摩書房)のなかで、昭和初年に本郷の古本屋で、大惣の印のある為永春水の人情本を買ったことを記している。

このように近世の最大の貸本屋にして、図書館でもあった大惣は廃業の後も、様々な波紋を拡げていったのである。

なお大惣の蔵書目録は青裳堂書店から、柴田光彦編著『大惣蔵書目録と研究』(『日本書誌学大系』27)として出版されている。

15 図書館員と批評家

図書館員、あるいは図書館司書であった経歴を持つ作家や批評家がいる。管理職としての図書館長ではなく、実際に現場の図書館員であったという体験は、彼らの小説や批評にどのように反映されているのだろうか。

ひとつの例をあげれば、国会図書館員だった阿刀田高は、新書判のコラムニストとして出発した。その広範な雑学コラムはジャーナリズムにも、アカデミズムにもない上質な図書館員の知識の香りがあった。その後短編作家に転身し、ゲーテ文献収集家で粉川ゲーテ文庫の館長であった粉川忠をモデルにした『夜の旅人』(文春文庫)を書いた。元図書館員が収集家の私立図書館長を描いたことになる。

一九八〇年代になって、阿刀田高の世代とは異なる戦後生まれの現役の図書館員と元図書館員が、批評家として登場した。その二人とは加藤典洋と室井光広である。二人の八〇年代から九〇年代の軌跡を眺めてみると、共通するのは、八〇年代がニューアカデミズムとポスト構造主義の時代であったにもかかわらず、それらのジャーゴンを意識的に使用することなく、自らの言葉で語ろうという姿勢であったように思える。それから分野にこだわらない横断性であり、加藤典洋は十五年間で二十冊近い単行本を出し、室井光広は批評から小説、研究、詩や句、翻訳といった多方面の仕事に向かっている。この二人の根底にあるのは、開かれた図書館のイメージであり、分野を問わず増殖していく図書館の蔵書の宿命の経験ではないだろうか。図書館員であった記憶が彼らの内側に棲みついているのではないか。

講談社の文芸文庫に収録された『日本風景論』に、加藤典洋は詳細な自筆による著者年譜を載せている。その年譜は図書館の記述にみちている。それを抽出してみる。中学校の図書館で『ジャン・クリストフ』を読み、高校生になると県立図書館に通い、現代文学、現代詩と出会う。大学卒業後の一九七二年に、国会図書館に就職、閲覧部新聞雑誌課洋雑誌係に配属。以後四年にわたり、新聞雑誌の閲覧受付と出納業務、管理に従事。七六年、整理部新収洋書総合目録係に配属。年に数十万枚に上るカードの整理を手がける。七八年、カナダ、モントリオール大学研究所図書館に派遣され、フランス語圏カナダの日本関係の図書施設の拡充に携わり、八二年帰国、国会図書館の蘆原英了コレクション準備室から調査資料課海外事情調査室に転属し、フランス語の新聞記事の購読、翻訳の業務に従事する。これらの十年にわたる図書館員としての仕事を背景にして、八二年に「『アメリカ』の影―高度成長下の文学」(『早稲田文学』八・九・一一)で、加藤典洋は批評家として姿を現わす。

室井光広は、ボルヘスを論じた「零の力―J・L・ボルヘスをめぐる断章」(『群像』八八・六)で、群像新人文学賞を受賞している。ボルヘスの文学作品とその円環構造について言及したこの評論には「図書館」という章があり、次のような一節がある。「ボルヘスにとっての〈図書館〉は、ある時にはその番人として生活する神殿であり、現実的な職場であり、またある時は人知の象徴である」。この一節はボルヘスのみならず、図書館員の立場を語っているように思える。柄谷行人は選評で、室井が元図書館員であると聞いて、この評論に納得したと記している。九四年に元図書館員を主人公にした小説『おどるでく』(講談社)で芥川賞を受賞し、九七年の『あとは野となれ』(講談社)で、これもまた元図書館員を主人公にして、七年間勤務していた私立図書館を、フィクション仕立てで、仮名ではあるが、詳しく描いている。

『あとは野となれ』によれば、主人公が勤務していたのは、アジア共生会という財団法人の付属図書館であり、東京野方図書館となっている。このアジア共生会は政界の黒幕とよばれている右翼の猪又大三郎が設立したものであり、図書館長も猪又が兼ねている。そして主人公は猪又がアジア各国で収集してくる膨大な本の整理を担当していた。この猪又は明らかに田中清玄がモデルであり、右翼と図書館という組み合せには興味をそそられるが、『田中清玄自伝』(文藝春秋)では、図書館に関しては語られていない。『東京都の図書館』（東京堂出版）も参照したが、該当する図書館は見当らない。東京都内ではないのだろうか。これらの評論、小説だけでなく、研究書『キルケゴールとアンデルセン』（講談社）でも、図書館の思い出が語られている。したがって室井光広の世界もまた図書館の色彩に覆われている。

このように、加藤典洋も室井光広も図書館の現場での思考を手がかりにして、文学の世界へとやってきたのだ。図書館で培われたレファレンス、資料検索、分類整理、カード作成等のフィールドワークの手法が、彼らの書き方に流れこみ、それゆえにアカデミズム出身の批評と一線を画しているのであり、二人の隠し味となっているのではないだろうか。

16　菊池寛と図書館

昭和三年に、正宗白鳥は「菊池寛論」（『正宗白鳥全集』第六巻、新潮社）を書き、冒頭で「菊池寛君を論ずるのは現代を論ずることである」と述べている。菊池寛については、正宗白鳥ばかりでなく、小林秀雄もまた昭和一二年に「菊池寛論」（『小林秀雄全集』第四巻、新潮社）を書き、「文壇の大御所などといふ世評のお化けの様な名の冠せられたこの非凡な人物」を論じている。

なぜ菊池寛は昭和前期において、「現代」を象徴し、「文壇の大御所」であったのだろうか。それは菊池寛が当時流行の作家や戯曲家であっただけでなく、現在に至る文芸出版の在り方の創造者であり、また文学者の社会的、経済的インフラの整備にまで影響を及ぼしていたからに他ならない。大正五年、菊池寛は芥川龍之介たちと第四次『新思潮』を創刊し、小説や戯曲を発表し、文壇に登場した。そのかたわら、大正一二年に川端康成や横光利一を編集同人として『文芸春秋』を創刊し、四年間で、三千部から十八万部の総合雑誌へと育て上げた。その『文芸春秋』の創刊の動機について、「私は頼まれて物を云うことに飽いた。自分で、考えていることを、読者や編集者に気兼ねなしに、自由な心持で云って見たい」(『文芸春秋三十五年史稿』、文芸春秋新社)と述べている。これが現在の『文芸春秋』の始まりである。このような文学者にして出版者という菊池寛の成功と在り方は、その後の文学者たちの出版社創立や経営に際しての模範になったと思われる。『文芸春秋』が国民雑誌として成長するのと並行して、文学者の文芸講演会を企画し、昭和八年には『オール読物』を創刊、昭和一〇年には芥川賞、直木賞制定、昭和一一年には『文学界』の発売元となる。出版法改正や著作権擁護にも尽力し、大正一五年には文芸家協会(現在の日本文芸家協会の前身)を発足させている。作家活動としては、昭和四年に平凡社、昭和一二年に中央公論社から二度にわたって、『菊池寛全集』が出版される。正宗白鳥も小林秀雄も個人全集が刊行されるのは戦後になってからであり、昭和前期の時代に菊池寛がいかに文学者の「現代」を体現していたかがうかがわれるのである。

こうした文学者、出版者としての「現代」だけでなく、菊池寛は同時に近代図書館の大いなる愛好者であり、菊池寛の少年時代から学生時代にかけては図書館を抜きにして語ることができず、「菊池寛を論ずることは図書館を論ずることである」といっても過言ではない。「私の半生のレゾートであり慰安所であり勉強所であった図書館」とまでいっている。この一節のある「図書館」(『菊池寛全集』第一四巻、中央公論社)というエッセイも残しているし、それによれば、新聞に「三大図書館比較表」を投書したという。自伝である『半自叙伝』(講談社)によって、明治後期から大正にかけての菊池寛の図書館利用史を追跡してみよう。

菊池寛の図書館体験は、図書館が全国的に普及し始めた明治三〇年代後半、高松の中学時代の教育会図書館に起源を求められる。そこでありとあらゆる小説を読んだ。

「私は一日として図書館に通わないことはなかった。蔵書は二万冊だったが、その中で少しでも興味のあるものはみんな借りたといってよかった。私は半生を学校へ通うよりはもっと熱心に図書館へ通った男であるが、その最初の習慣は郷里の図書館から始まったわけである」。

高松から上京し、高等師範学校、明治大学、早稲田大学、一高、京都大学と学校を転々とするが、その生活は絶えず学校の図書館、様々な私立、公立図書館とともにあった。そのなかで特に利用したのは上野図書館、大橋図書館、日比谷図書館であった。

上野図書館には上京の翌日行き、「その無尽蔵な蔵書を見て、大歓喜の情を感じたものである。私は東京の何物にも感心しなかったが、図書館にだけは、十分驚きまた十分満足し、これさえあればと思った」。大橋図書館では雑書を乱読し、『演芸画報』の合本を読み、早稲田大学図書館では、上野図書館で禁閲覧であった「西鶴全集を発見した喜悦は譬うるものもないほどだった」。京都大学図書館ではこの西鶴全集は教授の藤井乙男(『集古』同人)が借り続けていたため、手にすることができなかったという。

菊池寛の作家としての素養がすべてこれらの図書館での乱読によって培われたものであることは自らも明言している。したがって菊池寛を育てたのは明治後半から整備されつつあった近代の図書館であるといえるであろう。また実際に菊池寛に「出世」(『現代日本文学大系』44、筑摩書房)という図書館にまつわる短編がある。菊池寛の体験に基づくこの短編は、日比谷図書館で美術史の翻訳の仕事をしていたが、その原書を電車のなかに忘れてしまい、丸善や古本屋を探しても見いだすことができず、上野図書館でようやく同じ原書を発見する。そして貸し出し禁止のため通い続けて翻訳を続けるのだが、その間に図書館の蔵書ではなく、図書館の食堂といった付属設備、閲覧券売場、本とは直接関係なく下足番をしている人たちに視線が赴くのである。図書館という舞台の脇役たちの人生のフラグメント。それを描いたのが、この「出世」ということになる。

17　私立図書館の時代

日本の近代図書館史を考えてみると、戦後は占領軍の指導に始まる公共図書館の時代であり、それは現在の二千六百館をこえる公共図書館の実現によって、ピークを迎えているといっていいように思われる。

しかし、明治後期から昭和初期にかけては、大橋図書館に象徴されるように私立図書館の時代であり、地方においては特にそれは顕著であった。『近代日本図書館の歩み　本篇』（日本図書館協会）は、明治後半の図書館状況について、次のように述べている。

「この時代の公共図書館に占める私立図書館の割合は、教育会図書館を例にあげるまでもなく公共図書館をはるかに上回った。地方では、篤志家によって蔵書が公開されるなど、個人の設立にかかる図書館は多くの設立をみた」。

このように記されているにもかかわらず、『近代日本図書館の歩み　本篇』は、日本図書館協会史、公共図書館、大学図書館、学校図書館、国会図書館に多くの頁をさいていて、戦前の私立図書館に関しては、八百余頁のうち、わずか三頁しか言及がない。したがって『近代日本図書館の歩み』と称しながら、最も重要であると思われる私立図書館に対して焦点が当てられていないことになる。それは戦前の私立図書館の多くが消滅したことで、資料が失われたり、あるいはまた公共図書館へと吸収されてしまったためであろうか。いずれにしても戦前の総合的な私立図書館史はいまだに書かれていない。

　坪谷善四郎の『大橋図書館四十年史』によれば、昭和一三年、全国に私立図書館は千三百八十五館あり、坪谷は大橋図書館を除いて、その主だった私立図書館をリストとしてあげている。このリストは、館名、歳出予算額、蔵書数、所在地を載せているが、ここでは『近代日本図書館の歩み　地方篇』等を参照して、歳出予算額、蔵書数の代わりに、創設年を掲載する。

*館名	*創設年	*所在地
東洋文庫	大正七年	東京市
天理図書館	昭和五年	奈良市
下村文庫	大正七年	旭川市
眉丈文庫	昭和二年	高岡市
成田図書館	明治三四年	千葉市
名古屋公衆図書館	大正一二年	名古屋市
鎌田共済会図書館	大正一一年	香川県

光丘文庫	大正一二年	酒田市
昭和図書館	不明	京都市
義倉図書館	明治四三年	福山市
東京移動図書館	不明	東京市
伊達図書館	明治四四年	宇和島市
大師図書館	昭和元年	川崎市
栃木県教育会図書館	昭和一〇年	栃木県
札幌図書館	大正七年	札幌市
岩瀬文庫	明治四一年	愛知県
公正図書館	昭和元年	銚子市
下郷共済会文庫	昭和四年	滋賀県
興風会図書館	昭和四年	千葉県
金比羅宮図書館	大正一二年	香川県

これらの私立図書館の蔵書数は少ないところで六千五百冊、最大の成田図書館は十一万冊をこえている。これらの蔵書数を考えれば、確かに坪谷がいうように、「我国の公立図書館も未だ甚だ不完全にて、私立図書館が公立図書館の不備を補ふ功績は至大なものである」ことは容易に推

測される。私立図書館の創設者たちは、実業家、宗教人、教育者、旧幕臣であった華族たちであり、いずれもがこの時代に近代図書館を夢想したのである。特に地方においては、帝国図書館や大橋図書館を利用した体験によって、私立図書館構想が芽生えたにちがいない。

右記のリストには載っていないが、近代図書館史上、最も重要な人物によって創設された私立図書館を忘れてはならない。その人物は徳川頼倫であり、その私立図書館は南葵文庫である。南葵文庫は大正末期に東大図書館に蔵書を移贈し、その活動を閉じているため、リストから外されてしまっている。

徳川頼倫の名前は、戦後のほとんどの人名辞典等からも消えてしまっているが、明治五年生まれで紀州徳川家を継ぎ、学習院を卒業後、ケンブリッジ大学に留学、欧米にて図書館をつぶさに視察して帰国、明治四一年日本図書館協会初代総裁に就任し、図書館事業に多大の貢献をなしている。「明治後期から大正期にかけて、(中略)多くの図書館が各地に設立されたことや、また文部省が図書館員養成機関を設置せざるを得なくなったことなども、総裁の存在によるところといえよう」(『近代日本図書館の歩み　本篇』)。

南葵文庫は、紀州徳川家の蔵書を麻布飯倉の徳川頼倫の私邸に移して、明治三五年に開庫し、四〇年に新館を建設して一般への公開を開始している。その蔵書数は十三万冊をこえていたといわれ、大橋図書館と並んで私立図書館としては最大の蔵書数を誇り、「南葵文庫は、大正期の一大文化サロンであった」(山口昌男『知の自由人たち』)。徳川頼倫は大正一四年五十四歳で死去するが、そうした意味において、図書館に対する夢を果たして、早世したといえよう。

18 永井荷風と南葵文庫

大正時代、南葵文庫は多くの文人や学者の集うところであり、また様々な展示会や講演会を催していたようであるが、大橋図書館や東洋文庫と異なり、南葵文庫史が書かれていないため、その全貌はわかっていない。島崎藤村や柳田国男や折口信夫も訪れていたらしい。しかし南葵文庫についてはまとまった文章を残していない。『集古』の同人であった内田魯庵や三村竹清もその日記のなかで南葵文庫にふれているが、断片的なものにとどまっている。しかしただひとり、南葵文庫に通ったことを日記に数年にわたって記述した文学者がいる。それは『断腸亭日乗』(岩波書店)の永井荷風であり、荷風もまた『集古』の同人であった。

『断腸亭日乗』に南葵文庫の名前が記されるようになるのは大正一二年からである。

「十一月廿二日。南葵文庫に行き司書高木氏を訪ふ」。高木氏とは高木文のことであり、『断腸亭日乗』の大正一四、一五年の記述によれば、『明治全小説戯曲大観』(聚芳閣)という明治時代に出版された小説戯曲年表の著者であり、後年成島柳北全集を企画していて、荷風が柳北の日記を読み、筆写するにあたって、その仲介をつとめている。月末に高木文は永井荷風を訪ねたようで、「十一月三十日。南葵文庫司書高木氏来り、文庫蔵書目録を贈らる。厚情多謝」とある。

この時、高木文が永井荷風に持参したのは、明治四一年発行の『南葵文庫蔵書目録』と大正二年発行の『南葵文庫図書目録』ではなかったかと思われる。これらの目録は刊行年代から考えて、当時品切になっていたが、永井荷風の所望に応じて高木文がどこからか調達して届けたのではないだろうか。『蔵書目録』は紀州徳川家の旧蔵書の和漢書一万四千冊を収録し、『図書目録』は島田篁邨、勝海舟、依田学海の旧蔵書、及び南葵文庫蔵の地理及図表を収録している。手元にあるこの二冊の目録を広げてみると、図書館の蔵書の概念が一世紀も経たない間にまったく変わってしまっていることに気づく。古典や近世文学を除いて知らない書名ばかりで、未知の書物の森のなかに佇んでいる感慨に襲われる。

しかし、明治生まれの永井荷風にとってはそうではなかったのだろう。目録が届けられた翌日から、南葵文庫へ通い始める。「十二月朔。午後南葵文庫に赴き武鑑を閲覧す」とある。なぜ最初の日に武鑑を閲覧したのかは『蔵書目録』をみるとわかるような気がする。武鑑とはいうまでもなく、江戸時代に民間書肆より出版された大名や旗本の姓名、出自、紋所、職務、石高、家臣の氏名などをまとめた名鑑であり、『蔵書目録』には武鑑各種が二百冊以上掲載され、おそらく南葵文庫を除けば所蔵されていなかったのではないだろうか。この日以後、大正一四年にかけて『断腸亭日乗』には「午後南葵文庫に赴く」という記述が頻出する。南葵文庫で武鑑のほかに荷風が何を読んでいたのか、『蔵書目録』『図書目録』と照らしあわせて追跡してみる。

一二月一五日　松浦武四郎『北蝦夷餘誌』
一二月一六日　寺門静軒『癡談』
一二月一九日　三島攝門『三縁山志』

大正一三年前半には書名は記されていないが、連日のように通っている月もある。

正月六日　青木可笑『江戸外史』
正月一一日　探墓会編纂『墓碣餘志』
正月二九日　阪田諸遠『展墓録野辺ノ夕露』十三冊
二月三日　『詩聖堂集』
三月四日　羽倉簡堂『西上録』
三月九日　中村敬宇『手東集』
三月一四日　鈴木陸平『宕陰存藁』
四月二一日　大田南畝『孝義録』
四月二五日　『名古屋市史』

五月一八日　大谷木醇堂『燈前一唾夢』

この後も、永井荷風の南葵文庫通いは大正一四年六月まで続いているのだが、読んだ書名は二冊を除いて記されず、大正一五年六月を最後に南葵文庫の名前は、『断腸亭日乗』から消えてしまっている。それは南葵文庫が東大図書館に寄贈され、活動を中止してしまったためだと思われる。しかし永井荷風の武鑑をはじめとする南葵文庫での読書は、大正一五年刊行の永井一族のルーツを描いた史伝書『下谷叢話』へと還流されていくのである。

永井荷風は南葵文庫通いについて、「赴く」とか「往く」という表現と読んだ書名をあげているだけだが、二カ所だけ、南葵文庫での出来事とその風景を記している。大正一二年一二月一九日、南葵文庫で読書中の老人が脳充血で突然死するのを目撃して、「古書に対して老眼鏡を掛けしまゝ登仙するは寧羨むべし」と書いている。そして大正一三年一〇月二八日、南葵文庫は夏から帝国大学の付属図書館となったため学生雑踏すると考え、訪れなかったと述べ、予想と異なり旧と同様閑静ではあるが、「窗外の後園を見るに主を替へてより未半歳ならざるに、落葉を掃ふものもなきと見え、既に荒蕪の状を示したり。書庫の傍なる中庭に籬菊秋草折からの雨に倒れ伏したるさまいよ〳〵哀れに見えたり」と慨嘆している。私立図書館から大学図書館に移行する時、やはり何かが変わったのだ。このくだりこそは永井荷風の南葵文庫に対する挽歌のように思える。

19　砂漠の図書館

四方田犬彦は、一九八〇年「エピステーメー叢書」の『リュミエールの閾』（朝日出版社）という映画論集で、単行本の著者としてデビューしてきた。とりあえずは映画批評家として。七〇年代後半に様々なリトルマガジンに書かれた映画批評を収録したこの『リュミエールの閾』は、新しい批評家の出発を告げる初々しさにあふれていた。本文のみならず、「あとがき」にまで、それはみなぎっていた。私はその冒頭の一節を読んだ時の新鮮さを今も忘れない。それは次のように書き出されていた。「私はブレッソンから学んだ、女子感化院の窓に射し込む柔らかな光を」と。

『リュミエールの閾』は、処女作にありがちな若書きのイメージから免れていて、確かに外国映画が素材であるのだが、その背後にはすでに脱領域的な四方田犬彦固有の批評体系と文体が確立されているように思われ、映画だけでなく、様々な分野を横断して走り抜けていくだろうという予兆が感じられた。

予感通り、その後の四方田犬彦の旺盛な執筆活動は、映画を軸にして、文学、漫画、演劇、都市論と多様な領域にまで及んでいき、そのかたわらでコラムニストとして時代に発信し、あるいは翻訳者としてポール・ボウルズを発見する。そして、四方田犬彦は絶えず移動している。ソウル、ニューヨーク、月島、ボローニャ、モロッコと。それもパッセンジャーでもトラヴェラーでもなく、ストレンジャーなドウェラーとして。四方田犬彦は『月島物語』（集英社）の「後書」で、「世にトラヴェリング・ライター（旅行作家）という人種がいるが、さしずめ筆者などはドウェリング・ライター（居住作家）ということになるだろうか」と記している。

この告白は四方田犬彦の書物を理解するのにとても重要なものだと思える。彼は常に移動しているが、同時に居住しているのだ。そして居住しながら、自らがストレンジャーであることを絶えず意識して書く。それは日本であっても同じことだ。『ストレンジャー・ザン・ニューヨーク』（朝日新聞社）で、ドアーズのジム・モリソンが歌う「ストレンジ・デイズ」についてふれているが、そのフレーズがどこに居住しても、それこそ太宰治のトカトントンのように反響しているにちがいない。People are strange when you are a stranger というフレーズが。そしてこのことによって、四方田犬彦の文章と書物は紡ぎ出されていくのだ。

四方田犬彦は移動するたびにそれぞれの土地に居住する。居住するのは住宅ばかりではなく、それぞれの土地の図書館にも居住する。ストレンジャーはいつだって図書館に向かうのである。

一五歳までの読書体験を綴った『読むことのアニマ』（筑摩書房）で、中学時代の図書室について、「われわれは図書室という空想の王国のなかで、それぞれに幼年時代のガルガンチュアを生きていたのである」と述べ、そのことによって、「ともあれ彼は読むことによって導かれ、勇気づけられ、また心の悲嘆を慰められてきた」と語っている。図書館は常に四方田犬彦とともにあり続けた。ニューヨークでは、「熱く騒しい世界が片方にあるとともに、二十六丁目のコロンビア大学を中心とする、とりわけその図書館のなかの冷ややかで静謐な世界」（『ストレンジャー・ザン・ニューヨーク』）があり、月島においては、月島図書館に居住して、月島のほか地誌、産業、生活、きだみのるから吉本隆明に至る月島文学史を書き記す。異なった土地での居住と図書館との出会いによって、一冊の書物がそれぞれに書かれていく。それが自らをドウェリング・ライター（居住作家）とよぶ謂なのである。

その四方田犬彦の二十年目の達成が『日本の女優』（岩波書店）と『モロッコ流謫』（新潮社）であるといっていいように思われる。前書は別の機会にゆずるとして、ここでは『モロッコ流謫』を取りあげよう。モロッコの旅は、タンジェの港に始まり、フェズの迷路の街から、サハラ砂漠へと向かう。そこで四方田犬彦はこれまで出会ったことのない砂漠のなかの図書館を目撃する。砂漠に住むことのない異教徒に居住を拒否している図書館。古ぼけた平屋の建物で、砂漠の陽射しのなか、冷房もないのに冷やりとして、静寂だけが支配している。四千冊以上の書物は、何十種類ものコーランと注釈書、天文学、代数学、化学の書物、トルコ語・アラビア語、アラビア語・ベルベル語の辞書等々、どの書物も長い歳月を経ている。「砂漠のなかに点在するオアシスにあって、数百年にわたってかくも大規模な図書寮と修学施設が機能していたという事実は、わたしを呆然とさせる。それは神聖にして厳粛な書物の集蔵庫であった」。予想もしえなかった砂漠と書物と図書館の風景。四方田犬彦のモロッコの旅は「世界の記憶とでも呼ぶべき図書館に遭遇した時点で」終わりを告げる。ヨーロッパの果て、アフリカの始まりの根源の地までたどりついたことになるのだから。居住することができない砂漠と図書館、だから流謫なのだ。おそらく四方田犬彦は、三島由紀夫の『天人五衰』（新潮社）の最後の数行を想い浮かべたにちがいない。

20　贈与としての図書館

ペンシルベニア州ピッツバーグでの少女時代を回想したアニー・ディラードの『アメリカン・チャイルドフッド』（パピルス）は、アメリカのネイチャーズ・ライター特有の資質に起因すると思われる玄妙な文体で、アメリカの一九五〇年代の地方都市と家族の生活を少女の内面から描いている。それはまた、五〇年代アメリカのひとりの少女の、ヨーロッパ近代文学から『アンネの日記』に至る読書日記でもあり、目録ともなっている。

「本が人を作る」という蔵書票をすべての蔵書に貼っていた父。「私は本を読み出した。めまいがするほど本を読んだ。（中略）本の中にあるもの、いや本の周辺のものでさえ、私を昏睡状態から目覚めさせたからだ。近くの図書館から、私はあらゆる種類の驚きを発見した」。図書館の司書たちは、「本の世界は／こどもの世界／開けて読み始めると／別世界が広がる／なんでも起き得るのだと／信じさせる世界が」とコーラスで歌っていたという。

この図書館とはカーネギー図書館である。ピッツバーグには、ひとつ屋根の下にカーネギーによって建設された図書館、美術館、博物館、音楽堂があり、それらが彼女の遊び場だった。

カーネギーは一八三五年スコットランドに生まれ、四八年アメリカに移住し、綿織物工場の糸巻工、機関夫、電報配達夫、電信技手などを経て、ペンシルベニア鉄道で働いた。六五年に鉄鋼業に進出し、八八年までに炭田と鉄鋼山を系列下に持つ大規模な製鉄工場と鉄道、船舶を支配するに至り、九九年にはこれらの事業を一括し、垂直に統合された巨大なカーネギー製鋼所を組織した。これだけならカーネギーは一九世紀のアメリカの夢を実現した産業資本家ということになるが、カーネギーの特異なところは、一九〇一年にこれらの会社をモーガンにすべて売却し実業界を退き、事業売却で得られた資本金二億五千万ドル（当時のアメリカ国防予算に匹敵する）を基に、様々な財団を設立し、社会や教育のために財産を提供する仕事に専念したことである。それはカーネギー財団やカーネギーホールとして現在でも存続しているが、カーネギーのこれらの事業のなかで、特筆すべきはアメリカ全土に二千八百余、アメリカ以外の英語圏に三百の図書館の建物と図書を寄贈したことにある。P・ウィリアムズの『アメリカ公共図書館史』（勁草書房）によれば、一八七五年に公共図書館は百八十八しかなかったとされているから、カーネギーの図書館に貢献した役割がいかに大きいものであるかわかるだろう。特にピッツバーグはカーネギーの事業の発祥地であり、いち早く図書館を含む施設が建設され、アニー・ディラードは少女時代をこのカーネギー図書館ですごしたのである。

財産家の一生は富を取得する前半生と余剰財産を社会全体のために分配する後半生との二つに分けるべきであるという理念のもとに、カーネギーは分配の事業を後半生十八年にわたって行ない、カーネギーの死亡時、それらの基金はほとんど使い果たされていたという。こうしたアメリカの事業家の例はカーネギーに突出していると思われる。

たとえば、一八世紀にアメリカ議会図書館の原型となるフィラデルフィア公共図書館を開設したフランクリンは、『自伝』(『世界の名著』33、中央公論社)、あるいは「富への道」(『世界思想教養全集』7、河出書房新社)のなかで、勤勉と節約による富の蓄積を説いたが、富の分配についてはふれていない。フランクリンの『自伝』を題材にして、マックス・ウェーバーは『プロテスタンティズムの倫理と資本主義の精神』(岩波文庫)を書き、禁欲的プロテスタントの経済倫理と資本主義発展の精神を明らかにした。しかし、フランクリンからもウェーバーからもカーネギーの富の分配の発想は引き出せない。それならばやはり同時代に刊行されたヴェブレンの『有閑階級の理論』(岩波文庫)はどうだろうか。いやヴェブレンのいう「これみよがしの消費」にしては、カーネギーはスケールが大きすぎる。

カーネギーの富の分配は、その金額と規模からして、分配といったものではなく、贈与や蕩尽と考えてもいいような気がする。つまりマルセル・モースが『贈与論』（『社会学と人類学』1、弘文堂）でいう「蓄積された富をまったく惜しみなく破壊してしまう」ポトラッチ、あるいは全体的給付とよぶのがふさわしい。モースの論文の原註によれば、ポトラッチを行なうインディアンの部族は銅の鋳造技術を有していたという。銅鋳造と鉄鋼業、カーネギーがインディアンと接触していたかどうかわからない。しかしカーネギーの贈与、蕩尽がインディアンのポトラッチから派生しているのではないかと想像するのは楽しいことだ。

このように贈与された図書館はアニー・ディラードばかりでなく、多くのアメリカの少年少女の夢想を育んだにちがいない。カーネギー図書館は子供たちへの読書と夢想の贈与でもあった。カーネギーはいっている。「わたしはときどき、午後五時ごろ、静かな部屋のなかにすわって、あちこちの図書室で本を読んでいるおおくの少年たちを心にえがくことがある。わたしはそんなひとときがすきである。わたしは空想のなかで子どもにもどって、彼らといっしょに本を読んでいるのである」（C・I・ジャドソン『若き鉄鋼王カーネギー』、学習研究社）。

21　財閥と図書館

昭和二年に弘文荘を創業して、半世紀以上にわたって、古典籍を扱ってきた反町茂雄の『日本の古典籍』（八木書店）によれば、日本の古典籍の定義は明治以前の古書をさし、それは大体、古写本、古写経、古文書、古版本、江戸時代版本、名家自筆本の六つに分類されるという。古書のなかでも古典籍は、稀少性ゆえに物によっては売買価格が数千万円になることもめずらしくはないが、明治時代には驚くほど安く、大正に入って次第に高くなり、昭和になって高騰した。

明治初期から三〇年代までは、古典籍は無価値時代といってよく、その価値は外国人によってのみ見いだされていた。そのありさまを同じく反町茂雄が『蒐書家・業界・業界人』（八木書店）のなかで、明治一二年に日本を訪れた『ヴェガ号航海誌』（フジ出版社）の著者であるスウェーデン人の探検家A・E・ノルデンシェルドの文章を引いて示している。

「今は正に蒐集の好機である。（中略）個人（大名、公卿―筆者註）所蔵の古代の書物の大量が、古い武器、武具類と共に、古物商の店にころがり込んでいる。日本人たちは、西洋の事物を模倣するに非常に熱心なあまり、これらの古い、この国独特の書物は、全く無関心に放置されて、それらの大部分は、商品の包み紙に費消されるか、又はツブされて漉き返しの材料にされてしまうだろう」。

　このように考えたのはノルデンシェルドだけではない。当時の多くの来日外国人も同様であった。たとえば、日本文化研究書であり、日本小百科事典とも称すべき『日本事物誌』（平凡社）を著わしたチェンバレン、『一外交官の見た明治維新』（岩波文庫）のアーネスト・サトウ。サトウは兄が図書館から借りてきた日本に関する本によって日本に魅惑され、また大学の図書館で日本派遣通訳士の募集を知り、文久元年に日本にやってきた。そして来日するとすぐ古書漁りを始めたようで、『一外交官の見た明治維新』のなかで、芝の神明前《しんめいまえ》で「安価の刀剣、磁器、着色の版画、絵草紙、小説などは、みなここで買うことができた」と記している。

　反町茂雄はノルデンシェルド、チェンバレン、サトウを「碧眼の蒐集家たち」とよび、彼らの収集した古典籍が海外の図書館に保存されていて、質量ともに極めて優秀なものだと述べている。これらの事情によって、日本の古典籍が海外に流出したわけであるが、明治の西欧文化偏重による古典籍の散逸を防ぐため、本格的な収集を試みる図書館が出現する。それらは明治の急激な産業化の過程で資本を蓄積した財閥によって主導された。三菱、三井、安田財閥等である。

　三菱の岩崎弥之助は、明治二五年に静嘉堂文庫を創立、和漢の古典籍を収集し、その息子小弥太は四〇年に清の蔵書家陸心源の収集した中国古典籍等を次々と購入し、文庫を充実させた。岩崎弥之助の甥にあたる岩崎久弥は、大正六年に「支那を中心とした極東諸国に関する欧米文献の一大蒐集」（『東洋文庫十五年史』）であるモリソン文庫を購入し、自ら寄贈した古典籍を中心とした岩崎文庫とあわせて、大正一三年に東洋文庫を開館した。日本で初めての民間東洋学図書館であった。

初代安田善次郎は能楽資料を収集し、二代目安田善次郎は『集古』の同人でもあり、江戸文学から始まり、古版本を中心とした全国屈指の安田文庫を形成した。三井は自家関係古書、古記録の三井文庫、それから益田孝や小林一三も公開はされなかったが、それぞれ特色のある文庫を持っていた。

渋澤栄一の孫、渋澤敬三は大正一〇年に後の日本常民文化研究所となるアチックミューゼアムを開設し、漁業史に関する文献と民具の収集を始めている。また財閥とはいえないかもしれないが、久原房之助は古典籍の久原文庫、大倉喜八郎は中国書中心の大倉集古館、倉敷紡績の大原孫三郎は大正一一年に大原社会科学研究所を設立して、社会科学文献を収集した。その海外文献はフランクフルト社会研究所に匹敵するとされ、さらに農学研究所、労働科学研究所を創立して、生物学文献やダーウィン文献を収集した。それから武田薬品の武田長兵衛による本草書、医書の杏雨書屋もあげておくべきだろう。

このように、日本の古典籍は幕末から明治初期にかけて来日した外国人たちによって発見され、明治後半から大正にかけて、財閥や資本家たちのパトロネージュによってようやく再収集され始め、貴重な文化遺産として現在まで継承されることになったのである。そのことと並行して、古典籍の流通インフラが整備され、大正九年に東京古書組合が発足する。同時に書誌学、図書館学が始まっていく。それらを支えたのは、明治の資本家たちの古典籍に対する生来の尊敬であり、カーネギーほどのスケールではないが、文化に対する惜しみなき贈与であったように思われる。戦後になると、資本家が美術館を創ったという話は聞いても、図書館の話は聞かない。

22 ネモ船長と図書室

ジュール・ヴェルヌは、一九世紀後半に「驚異の旅」という総題のもとに、『海底二万海里』『地底旅行』『八十日間世界一周』など、当時のフランス社会の急激な産業の近代化と科学の未来への信仰を背景にして、七十編近い空想科学小説を書いた。二〇世紀前半までは、ヴェルヌは児童向けの通俗作家とみなされていたが、一九四九年にヌーヴォー・ロマンの作家ミシェル・ビュトールの「誰でもジュール・ヴェルヌを読んだことがあるし、かれの博識ぶりと若々しさを頒ちあう、あの驚異的な夢みる力に酔いしれたことがあるにちがいない」という文章から始まるヴェルヌ論「至高点と黄金時代」(『ユリイカ』七七・五)によって、ヴェルヌは現代の幻想文学のすべての水源であるとされた。さらに五〇年代に入って、ロラン・バルトが『神話作用』(現代思潮社）のなかで、ヴェルヌの作品は構造主義批評のよりよき対象と記し、七〇年代になるとミシェル・セールは『ジュール・ヴェルヌ論　青春』（法政大学出版局）で、ヴェルヌは科学の予言者などではなく、ギリシア、ローマ神話から『聖書』に至るまでの神話学の大家であり、その物語は様々な神話の合成であると指摘した。日本では、七〇年代に私市《きさいち》保彦が夢想家としての「ジュール・ヴェルヌの世紀」（『ネモ船長と青ひげ』、晶文社）を書き、九〇年代には杉本淑彦が『文明の帝国』（山川出版社）で、ヴェルヌの作品とフランス帝国主義との関連を描いた。

　このように二〇世紀後半に至り、多彩な解読の対象となったヴェルヌの作品群は、世界中で最も多く翻訳されていて、現在でも広範に読者を魅了し続けている。日本において、その翻訳は『二年間の休暇』を英語から重訳し明治二九年に出版された森田思軒の『十五少年』（岩波文庫）が最も著名であるが、すでに明治一〇年代から、リアルタイムでといっていいほどヴェルヌの主な作品は翻訳されていた。斎藤昌三の『現代日本文学大年表』（『現代日本文学全集』別巻、改造社）をみてみると、明治一一年に川島忠之助訳で『八十日間世界一周』、明治一三年に井上勤訳で『月世界旅行』、鈴木梅太郎訳で『二万里海底旅行』、一八年に三木愛花、高須墨浦共訳で『地底旅行』が出版され、外国の作家のなかで、誰よりも多く、そして早く日本に紹介されていたことになる。ちなみに明治三六年に日本語訳の『月世界旅行』と『地底旅行』を中国語に重訳し、中国へ初めてヴェルヌを紹介したのは、日本留学中の魯迅であった。ヴェルヌの作品がこのように受容されたのは、ヴェルヌの豊饒な想像力、地理、歴史的なパースペクティブ、世界をかけめぐる物語のダイナミズムにあったと思われる。どんな作品でもいいが、ヴェルヌの読者はその世界のうちに引きずりこまれる。たとえば『海底二万海里』。ノーチラス号に乗っての十カ月にわたる太平洋、インド洋、紅海、地中海、大西洋、南氷洋、北極海をめぐる海底世界一周航海の驚異の旅。旅の終わりに語り手のアロナックス教授は回想する。「海底での狩猟、トレス海峡、ニューギニアの土人、坐礁、サンゴ礁の墓地、スエズのアラビアン、トンネル、サントリン島、クレタ島の潜水夫、ヴィゴー湾、アトランティス大陸、大氷山、南極、氷の牢獄、大ダコの群れとの格闘、メキシコ湾流の嵐、ヴァンジェール号、そしてあの乗組員もろとも沈んだ軍艦のおそろしい場面」。そしてこれらの場面ごとに細密に描写される海底の風景、その風景描写はヴェルヌの膨大な読書によって成立している。私市保彦も杉本淑彦も指摘しているが、ヴェルヌはパリ国立図書館にこもり、旅行記や地理学をはじめとするあらゆる本を読んでいた。それらが何であったか明らかにされていないが、ひとつの図書館に匹敵する量ではなかっただろうか。さらに図書館に対する強い執着。それはネモ船長がノーチラス号に図書室を備えていることから想像することができ、ネモ船長の蔵書をみれば、ヴェルヌの読書が何であったかが浮かび上がってくる。

ネモ船長の一万二千冊の蔵書は「各国語で書かれた科学書、哲学書、文学書が、ぎっしりならんでいた。だが、政治経済の書物は一冊も見あたらなかった」。蔵書は古今の大家たちの傑作ばかりで、ホメロスからサンド夫人まで、そして特に科学書が膨大に収集され、「機械学、弾道学、海洋測量学、気象学、地理学、地質学などの本が、おびただしい量の博物学の書物ときそいあって、書棚を占領していた」。ネモ船長は語る。「わたしが地上とむすばれているのはこれらの本だけです」。

そうなのだ、ヴェルヌの「驚異の旅」シリーズは、ネモ船長の蔵書に象徴される一九世紀の出版物の宇宙と結ばれているのではないか。それらの書物とネモ船長に託された近代社会への暗い夢想が相乗することによって、ヴェルヌの世界は織りなされ、様々に読み継がれて三世紀目を迎えることになった。二一世紀、ヴェルヌはどのように読まれていくであろうか。

『海底二万海里』は清水正和訳の福音館版を使用した。百二十九頁に原書出版当時のヌヴィルのエッチングで、ネモ船長の図書室の挿絵が収録されている。

23　死者のための図書館

一九九〇年代後半に、ユーゴスラヴィアの作家ダニロ・キシュの『若き日の哀しみ』と『死者の百科事典』という二冊の短編集が、東京創元社から刊行された。ダニロ・キシュはユダヤ人を父とし、多民族国家ユーゴスラヴィアの一民族モンテネグロ人を母として、一九三五年に生まれた。第二次世界大戦中、ユーゴスラヴィアはハンガリーの親ナチ政権の占領下に置かれ、ユダヤ人であった父はアウシュヴィッツに送られ、二度と還ってこなかった。ユーゴスラヴィア史によれば、強制収容所で殺害されたユダヤ人とセルビア人は七十五、六万人に及んでいるという。ジェノサイドの嵐は東欧にまで押しよせていた。

そうした状況のなかで、少年時代をすごしたキシュは、『若き日の哀しみ』でその時代の心象風景を、アンディという少年に託して物語る。それぞれの短編に共通して表出しているのは、強制収容所に連れ去られていった父の記憶と父の不在のなかで生きていかなければならない少年の哀しみである。それは声高に語られず、密かな呟きのように物語を覆っている。「セレナード、アンナのために」は次のような文章で始まる。「窓の下がざわめいた、ふと父を殺しに来たのだと思う」。「猫」のなかで「この世に正義はないのだ」と少年は呟く。「遠くから来た男」で、遠くから馬車に乗って来た男に父の消息を尋ねる少年。「ビロードのアルバムから」では父はすでに死んでいる。「父は英雄として死んだのではない」。それは強制収容所のなかでの大量死、無意味な死を意味している。少年は母に内緒でトランクに父の遺品をつめて、流浪の旅にでる。父の手帳や身分証明書や父の編集した本等々。「それだけが僕の子供時代の持参金になる、かつて僕というものが存在した、かつて僕の父が存在したことの唯一の物的証拠になるだろう」。

こうした少年時代がキシュの文学的出発点となる。父はなぜ強制収容所で殺されなければならなかったのか、「英雄として死んだのではない」父はどのように記憶され、救済されるのか。それがキシュの文学の根底におかれ、抒情性にみちた『若き日の哀しみ』と異なる文体で書かれた寓話的短編集である『死者の百科事典』の「王と愚者の書」および「死者の百科事典」に結実していく。どちらも一冊の書物をテーマにして書かれている。一冊は父を殺した書物、一冊は父を救済する書物。

「王と愚者の書」は、ノーマン・コーンの『シオン賢者の議定書《プロトコル》』（ダイナミックセラーズ）を下敷きにして、二〇世紀初頭にロシア人ニルスの書いた『謀略』（これは邦訳名がよくない。「ユダヤ議定書」あるいは「プロトコル」とすべきだろう）とその歴史を交錯させ一冊の偽書の出自と変遷を追跡している。『ユダヤ議定書』はユダヤ人世界支配陰謀神話を流布させた最悪の偽書であり、この書物の出現なくしてはアウシュヴィッツもホロコーストも起こりえなかった「書物という殺人者」（キシュ）なのである。『ユダヤ議定書』とユダヤ人の世界支配陰謀神話は、ナチスによって徹底的に利用され、戦争とジェノサイドを正当化させ、ヒットラーの『我が闘争』やローゼンベルグの『二十世紀の神話』とともにナチズムの三大聖典となった。つまり『ユダヤ議定書』に発するアウシュヴィッツ、ホロコーストによって、キシュの父は殺されたのであり、キシュの父も含めてその数は六百万人に達する。『ユダヤ議定書』はジェノサイドの書物であり、最悪の「王と愚者の書」なのだ。ユダヤ人ジェノサイドに関して、日本は無縁であったのだろうか。キシュはさりげなく記している。「その書物は欧州大陸を越えてブリテン島に渡り、そこからアメリカに渡り、次いで、日出る国にさえ届いた」。確かにそうなのだ。一九三八年『ユダヤ議定書』（破邪顕正社）、『二十世紀の神話』（中央公論社）、三九年『我が闘争』（第一書房）と相次いで翻訳出版されている。そして現在でもユダヤ人陰謀神話本の出版は後を絶たない。「王と愚者の書」は「日出る国」で延命している。それは『ユダヤ議定書』の出版の影響がいまだ終焉していないことを示している。

偽書によって殺され、「英雄として死んだのではない」父は、「隠者やラビや修道僧だけが親しむことのできる秘教に関わる人間精神の産物のひとつ」である書物のなかで再生する。それが「死者の百科事典」のテーマであろう。父を亡くしたばかりの、ひとりの女性が旅先で深夜の図書館へと誘われる。そして『死者の百科事典』と出会い、夜明けまで読みふける。有名人の名前が一人も出ていない『死者の百科事典』には父の写真と一生が克明に記されていた。世界にも類がなく一部しかないその百科事典には、編者たちの個人に対するこだわりと一人ひとりの人間は神聖であるという思いが溢れ、父の運命の軌跡と蜉蝣のように儚い個人史の総体がこめられている。「父の生涯は無駄ではなかった。ひとつひとつの人生、ひとつひとつの苦悩、ひとつひとつの人間としての継続を価値づける人たちがまだこの世にいるのだ」。この言葉こそは、キシュの父に対する追悼であり、「死者の百科事典」の核心であるように思える。なお「死者の百科事典」は『夢のかけら』(『世界文学のフロンティア』3、岩波書店)にも収録されている。

24　戦争と図書館

一九八〇年代に、法政大学出版局から続けて翻訳出版されたヴォルフガング・シヴェルブシュの『鉄道旅行の歴史』『闇をひらく光』『楽園・味覚・理性』の三冊は、ヨーロッパ近代において、鉄道や照明や嗜好品が都市や人間の生活に対して及ぼした影響を分析した、実におもしろい歴史書であった。ドイツ人にありがちな観念論に陥ることなく、素材となるテーマを具体的に、また実証的に扱い、ピクチャレスクな図版を配していて、新しい一九世紀文化史家の印象を与えた。シヴェルブシュのこれらの歴史書は、日本の近代文学や表象文化研究にも広範な影響をもたらし、シヴェルブシュによって触発されたと思える多くの研究の出現をみている。

シヴェルブシュの歴史記述は、難解さとは無縁で明晰であり、ストーリーテラー的要素もあり、一見すると異なっているようにみえるし、言及も少なく参考文献としても一冊しかあげられていないが、鉄道や照明や嗜好品といったテーマ、あるいは一九世紀文化史のパラダイムはすべてヴァルター・ベンヤミンの『パサージュ論』(岩波書店)、及びその著作から着想を得ていると考えられる。未完に終わった『パサージュ論』は一九世紀文化史の宝庫であるといっていい。今村仁司は『パサージュ論1』の解説で次のように述べている。「だから『パサージュ論』という魅力的な草稿・資料群を前にした研究者のなかには、ベンヤミンになり代わって、ベンヤミンがきっとやりたかったであろうと推測される『作品』を書いてみようと誘惑される人が出てくるとしても不思議ではない」。そう、まさしくそれがシヴェルブシュだと思える。さらにシヴェルブシュは七三年以後、アメリカで著述活動をしていることから、ベンヤミンをアメリカ社会学の視点から再構築したとも考えられるのだ。

ベンヤミンの『パサージュ論』は一八世紀から一九世紀初頭にかけての様々な出版物からの引用、資料集であり、それはパリ国立図書館の閲覧室の読書から生まれ、一九世紀文化の図書館世界を形成している。無類の愛書家であったベンヤミンは図書館に関してまとまった文章を残していないが、「やりたかったであろうと推測される」のは近代図書館に関する作品ではなかっただろうか。

これもまたベンヤミンの継承者たるシヴェルブシュによってなされたのであり、それはベルギーのルーヴァン大学図書館を主題とした『図書館炎上』(法政大学出版局)である。ベンヤミンの図書館のイメージとは異なるものであるが、『図書館炎上』は図書館歴史ノンフィクションとして仕上がっていて、ルーヴァン大学図書館ほど激しく二つの世界大戦と国際政治と文化紛争に巻きこまれた図書館は他に例がなく、その特異な歴史を伝えてくれている。

ベルギーのルーヴァン大学は、一五世紀に創立されたパリ大学と並ぶ名門であり、図書館は一七世紀に開設された。その後学者たちの蔵書や修道院図書館の蔵書の寄付を受け、一九一三年に目録を作成した際、三十万冊の書物と二千冊の写本を数えた。古典文献研究に関しては黄金郷であるといってよく、「ルーヴァン図書館というのは（中略）、たんに書物を収納するだけの図書館ではなく、同時に博物館でもあり、また骨董品庫でもあったのだ」。

しかし、一九一四年ルーヴァンの都市はドイツ軍に占領され、個人の住宅、教会、劇場、音楽堂、学校、裁判所は破壊され、図書館もまた数日間にわたって燃え続け、蔵書はことごとく焼き尽くされた。ドイツ軍によるこの図書館の炎上は、ドイツ文化がルーヴァンを破壊したのだとみなされ、ルーヴァンはサラエボと化し、知識人の代理戦争、精神の世界大戦といった様相を帯びるに至った。フランスやイギリスの知識人はドイツに対して抗議声明を送り、図書館炎上はプロテスタンティズムとカトリシズム、宗教改革と反宗教改革、ゲルマン文化とロマン文化の闘争の帰結であり、ルーヴァン大学図書館はそのための殉教であったと解釈され、文化戦争のトポスとなった。そしてフランス、アメリカで図書館再建設立準備委員会が設置される。一八年ドイツが敗北すると、ドイツは賠償金でルーヴァン大学図書館の蔵書を復元することになり、主としてドイツ古書業界を通じて、戦後不況で売立に出された数々の個人蔵書を購入し、三十万冊を用意した。図書館再建は国際運動として広がり、ヨーロッパ、アメリカだけなく、中国、ポーランド、スウェーデン、日本にも及び、再建のための蔵書がルーヴァンに送られた。ちなみに日本は二万五千冊を送ったという。

図書館建設費はカーネギー財団が十万ドルを提供し、アメリカ人建築家の設計によって一九二二年に建設工事が始まり、二八年に開館にこぎつけた。その過程にはこの図書館をめぐる様々なドラマが繰り拡げられ、その後の数奇な図書館の運命を暗示しているかのようだ。その後四〇年には蔵書数は一四年の炎上時の三倍の九十万冊に及んだ。しかし歴史は繰り返す。第二次大戦が起こり、四〇年再びドイツ軍はルーヴァンに侵攻、図書館は再び炎上するのである。図書館に象徴される文化戦争は終わってはいなかった。四〇年、それはベンヤミンがドイツ軍によってパリを追われ、スペインの国境の村で自殺した年であった。

25　地震と図書館

一九九六年から九八年にかけて、『みすず』に断続連載され、九七年に上巻、九八年に下巻としてみすず書房から刊行された外岡秀俊の『地震と社会』は、九〇年代のノンフィクションのなかで、最も優れ、そしてまた貴重な収穫であったように思える。九五年一月一七日の阪神大震災の当日から、現地を取材してきた新聞記者である著者は、現在のジャーナリストたちが喪失してしまっている、事件のなかでの深い喪失感と責任感で、日本の地震学の成立から関東大震災といった歴史的系譜を踏まえて、阪神大震災をめぐって起きた政府、自治体、警察、消防、建築、メディアの在り方、ボランティア問題、被災者補償等をリアルタイムで追跡している。そして明らかにされるのは、阪神大震災によって表出してしまった戦後日本のシステムの崩壊である。

それればかりでなく、この『地震と社会』を優れた書物にしているのは、外岡秀俊の六千人をこえた阪神大震災による突然の大量死に対する深い追悼であり、そのことによってこの作品が多くの死者たちの墓碑銘となっているからである。外岡秀俊は「あとがき」で次のように記している。「ともかく最初の終結点まで書き継ぐという行為に私を駆り立ててきたものは、『情熱』ではなく、震災で失われた人々への悔恨と、当日たまたまその場に居合わせながら、たった一人の命も救えなかった自分への無力感だった」。このような言葉がジャーナリズムから失われて久しい。偽の「情熱」で書かれたノンフィクションがあふれている。それはまた『地震と社会』が『みすず』というリトルマガジンに連載されたということにも象徴されている。

外岡秀俊は丹念に現場を取材するだけでなく、『北帰行』(河出文庫)の著者らしく、文学作品を含めて大量の地震文献を渉猟していて、それは巻末の「書籍・論文・報告書名索引」をみると三百五十冊に及んでいる。このリストは日本の地震に関する最良の文献案内であるように思われるし、それは阪神大震災がなければ形成されることのなかった地震文献の図書館ともなっている。

外岡秀俊は阪神大震災で、谷崎潤一郎の描いた『細雪』の舞台装置であった和風家屋や酒蔵の佇まいが失われてしまったことを記しているが、谷崎源氏につながる古文書や古典籍、貴重文献の消失はどうであったのだろうか。幸いにして図書館の倒壊や炎上は伝えられていないから、関東大震災と異なり、それらの被害は少なかったといえるのではないだろうか。なぜこのことに言及するかというと、大正一二年の関東大震災は多くの図書館を炎上させ、膨大な貴重文献を焼失させた地震であったからである。大橋図書館、大学図書館、財閥の図書館、私立図書館も炎上したのだ。そのことについて、日本図書館協会の創立期からの会員であった内田魯庵が、「典籍の廃墟」や「永遠に償はれない文化的大損失」をはじめとするエッセイを残している。これらのエッセイはゆまに書房の『内田魯庵全集』第八巻に収録されている。

内田魯庵は「典籍の廃墟」のなかで、「恐らく今度の大震火の為めの官私大小十数文庫の全滅は国史創まつて以来の書籍の最大厄であらう」と書いている。それならば具体的に、関東大震災による「典籍の廃墟」とはどのようなものであったのだろうか。内田魯庵の二つのエッセイをたどりながらみてみよう。もはや現在では、八〇年前の「典籍の廃墟」の風景は誰も記憶していないのであるから。

まず内田魯庵は内務、大蔵、農商務、逓信といった官公庁の図書館の、幕府から引き継いだ行政、交通、商業、財政、教育に関するナショナル・レコードの消失をあげている。それから帝大図書館における七十万冊ともいわれる蔵書の全部が灰燼となったこと、帝大図書館に併合されていた文庫について言及している。それらは世界の図書館にも所蔵されていない多くの東洋文献、古文書、古典籍を含んでいて、「地理的便利から東洋文献の蒐集の豊富を以て鳴る帝大図書館は世界の学者の羨望であった」。そして各文庫とその蔵書内容が列挙されていく。

言語、宗教、神話学のマックス・ミュラー文庫、法律、政治、経済学のデルンブルヒ文庫、エンゲル文庫、ヨセフ・コーラー文庫、ギリシア、ラテン古文学のオードリー遺書、満州朝鮮歴史地理書の白山黒水文庫等々、約八万冊。

内藤湖南によって発見された世界に一本しかない満文、蒙文、西蔵文の『一切蔵経』、『評定所記録』『寺社奉行記録』といった幕府の貴重な記録、及び文書一万五千冊。明治に内務省の作成した地誌『郡村誌』六千四百冊、伊能忠敬の自筆古地図約二千張。足利時代から江戸時代にかけての切支丹文献、貸本屋大惣の近世文学書、大英博物館をはじめとする和漢洋の図書館の書誌目録千数百冊、まだまだあるがこの辺で止めておこう。これらの典籍の消失を、内田魯庵は「世界の大文庫の全滅」といっている。この時、近世の文庫から近代の図書館へ蔵書の系譜が切断された。そして皮肉なことに関東大震災による「典籍の廃墟」を背景にして、大量生産、大量消費の円本の出版が始まるのである。

26　図書館長とアメリカ社会学

一八世紀のベンジャミン・フランクリンのフィラデルフィア図書館株式会社に起源をもつアメリカ議会図書館は、独立戦争後のアメリカ合衆国成立とともに、一八〇〇年に設立され、すでに二世紀の歴史を有している。千九百万冊の蔵書と五千二百万点のビデオ、写真、地図等の資料を備え、職員は五千人をこえ、世界最大の図書館であり、利用者は議員から一般市民にまで及んでいる。そうした意味で、アメリカ議会図書館はアメリカの歴史とともに歩んできた図書館であり、日本の国会図書館のモデルとなったことでも知られている。

藤野幸雄の『アメリカ議会図書館』（中公新書）を読むと、歴代館長の十三人の名前が掲載されていて、ひとりだけ私の知っている名前を見いだすことができる。それはダニエル・J・ブーアスティンであり、彼は一九七五年から八七年にかけての十二代館長であった。しかし私の知っていたのはアメリカ議会図書館長としてのブーアスティンではなく、『幻影の時代』（東京創元社）や『アメリカ人』（河出書房新社）を書いた社会学者としてのブーアスティンであった。私たちは六〇年代末から七〇年代の初めに、『幻影の時代』が収録されている東京創元社の「現代社会科学叢書」やディビッド・リースマン、ルイス・マンフォード、ガルブレイスといったアメリカ人による社会学的著作を読んでいた。しかしこれらの著作が実感として理解できるようになったのは八〇年代になってからである。それは日本の八〇年代が、彼らの描いていたアメリカの五〇年代から六〇年代の風景と同一化したからではないだろうか。すなわち、高度資本主義消費社会と郊外が八〇年代になって日本にも出現したのである。彼らの著作を頭ではわかっても、実感として受け止められなかったのは、何よりもそうしたアメリカ的風景に日本社会がまだ覆われていなかったことに求められる。それにリースマン自身が『孤独な群衆』（みすず書房）の「日本語版への序文」で、「読者にこの本を別世界の物語として読んでほしい」と書いていた。

ブーアスティンやリースマンのアメリカ社会学の背景には、いち早く消費社会を迎えていたアメリカ社会の現実があり、それが彼らの著作の基本的色彩であり、世界的にみて同時代に特異な社会学を形成させた要因のように思える。消費社会を一言で定義するのは難しいが、それを第三次産業就業人口が過半数をこえた社会とするならば、日本と欧米諸国は次のような年代になる。佐貫利雄の名著『成長する都市　衰退する都市』（時事通信社）の図表より抽出する。

アメリカ	一九三九年
イギリス	一九六九年
フランス	一九七二年

日本　　一九七三年
西ドイツ　一九八一年

アメリカの消費社会化は何と日本やヨーロッパより三十年以上先行していたことになる。おそらく、この世界のなかで早すぎた消費社会化を契機としてアメリカ社会学は誕生したのだ。「現代社会科学叢書」のアメリカ人による主な著作の出版年を確認してみる。

ブーアスティン　『幻影の時代』　一九六二年
W・H・ホワイト　『組織のなかの人間』　一九五六年
M・ミード　『男性と女性』　一九四九年
C・W・ミルズ　『ホワイト・カラー』　一九五一年
W・リンクス　『第五の壁テレビ』　一九六二年
D・ベル　『イデオロギーの終焉』　一九五〇年

ちなみに他の出版社から刊行されているリースマン、マクルーハン、ガルブレイスたちの著作はどうだろうか。

リースマン　『孤独な群衆』　一九五〇年
『何のための豊かさ』　一九六四年
『群衆の顔』　一九六五年
マクルーハン　『グーテンベルグの銀河系』　一九六二年
『メディア論』　一九六四年
ガルブレイス　『ゆたかな社会』　一九五八年

いずれもが五〇年代から六〇年代半ばまでに書かれ、また多少のタイムラグはあるが、ほとんどが六〇年代までに日本に翻訳紹介されたのである。その割には日本においてこれらに匹敵する著作は生まれていないように思えるが、これらの著作に最も影響を受けたのはフランスの構造主義者、ポストモダニストたちではなかっただろうか。ジャン・ボードリヤールの『消費社会の神話と構造』（紀伊國屋書店）はその端的な例であろう。

日本においてもこれらの著作が今こそ読まれなければならない。むしろ翻訳当時より現在のほうが生々しく読めるのである。少しも古びていないし、リースマンの著作は大衆消費社会論、ホワイトは郊外論、ミードはジェンダー論、ブーアスティンやマクルーハンはインターネット論と現在地続きで読むことができる。しかしこれらの現代の必読文献ともいうべきものを、公共図書館の棚にみかけることが少なくなった。八〇年代に開館した図書館では収蔵されず、その他の図書館では閉架や廃棄の対象になってしまったのであろうか。そしてブーアスティンが七〇年代後半に、生々しい社会学の現場から引退し、『大発見』（集英社）等の啓蒙的著作を刊行するようになったのは、図書館長になったことと関係があるのだろうか。

27　SFと図書館

一九五〇年代のアメリカは、消費社会が成熟していき、かつてない繁栄の時代を迎えていた。郊外に住むという生活様式、カラーテレビに代表される電化製品、シボレーなどの大型車の普及、そうしたなかで成長していく戦後アメリカのベビーブーマーたち。表面的には快適な生活の風景ではあるが、リースマンはそこに「孤独な群衆」の出現をみていた。その一方では、トルーマン大統領による核兵器開発の推進、上院議員マッカーシーに始まる赤狩り旋風、朝鮮戦争の勃発、東西冷戦、ネバダ核実験、ソ連との人工衛星の打ち上げ競争の時代でもあった。豊かで、何事も起こらないような平和な郊外の画一的な日常の背後には、核兵器による第三次世界大戦への不安、忍びよる管理社会の影、テクノロジーの発達への疑念が横たわっていた。

このようなアメリカ社会を背景にして、フランスのヴェルヌやイギリスのウェルズに起源をもつSF小説が三〇年代にアメリカにおいて新しい文学形式となり、五〇年代に黄金時代を出現させるに至った。そして五〇年代には現在でも古典として読み継がれている多くの名作が書かれた。特にその前半は最高のブームであったとSF文学史は伝えている。この時代に多く出現したSF作家のなかで、五〇年代前半に、集中的に代表作を発表したのはレイ・ブラッドベリであった。SF文学史表を確認してみる。

『火星年代記』　一九五〇年
『刺青の男』　一九五一年
『太陽の黄金の林檎』　一九五三年
『華氏451度』　一九五三年
『10月はたそがれの国』　一九五五年

これらの作品のなかで、私が偏愛するのは『刺青の男』(早川書房)である。五〇年代アメリカの郊外の少年の夢想や不安を詩情にみちた文体で描いたこの異様なまでに美しい短編連作集は、この時代特有の郊外の心的現象の風景のように思える。しかしここでは『刺青の男』ではなく、『華氏451度』(早川書房)にふれることにしよう。『華氏451度』は五〇年代に幻視された未来の反ユートピアの世界であり、そこで起きている書物の姿は現在における書物の在り方と無縁ではないからである。

『華氏451度』以前に、A・ハックスレイが『すばらしい新世界』（早川書房）、G・オーウェルが『一九八四年』（早川書房）で、テクノロジーの発達と全体主義の出現による未来の反ユートピアの世界を描いた。それらの社会では古典的書物は国家の時間を浪費するものとして排除され、また機能的な未来言語に翻訳不可能なまま破棄されていく。ブラッドベリはこれらの未来の反ユートピアで展開される書物の宿命に焦点を当て、『華氏451度』を構想したのではないだろうか。

「華氏451度」とは本の頁に火がつき、燃えあがる温度、すなわち摂氏二二〇度、紙の自然発火温度を意味している。舞台は二四、五世紀のアメリカ、人口は四倍に増え、少数者は不要とされる平等社会、すべての生活は機能化され、スピードとダイジェストが社会の意味であり、人々はテレビの壁のなかで暮らしている。思考を促す行為は法律によって禁止され、学校教育もまたそれを教えることを放棄している。そして政府は書物を焼くことを決定し、百万冊あまりの禁書リストが作られ、書物を読むことが一切禁じられた未来社会なのである。「考える人間なんか存在させてはならん。本を読む人間は、いつ、どのようなことを考えだすかわからんからだ。そんなやつらを一分間も野放しにしておくのは危険きわまりないことじゃないか」という社会。幸福であるためにすべてのものがあるが、少しも幸福になれない社会。

主人公のモンターグは焚書課に勤務するファイアマンである。かつては消防士を意味していたが、この社会では本を発見し、焼き尽くす焚書官をさすようになっていた。本を読むことはもはや許すことのできない犯罪であり、焚書官の仕事は重要な意味をもっている。月曜にはミレー、水曜にはホイットマン、金曜にはフォークナーを焼くという仕事に何ら疑念をもっていなかったが、書物愛好家の老女が本とともに焼身自殺したことをきっかけにして、本を読み始める。そして書物の背後にはかならず人間がいて、その人間が一生を費して考え、長い時間をかけてその考えを紙の上に書き記したのが書物であることを発見する。

人間の知識の根源である文学、哲学、歴史、言語は勉学の対象とならないインスタント学校教育、その日暮らしの生活、割のよい仕事だけを求める社会、その象徴であるファイアマンをやめ、モンターグは逃亡する。書物を読むこと、死者を追憶することを何百年も忘却してきたこの社会ではすでに戦争が始まり、ミサイルが落ち、燃え上がっている。そんななか、モンターグは古典的書物を一冊ずつ暗記して、口伝によって後世に残していこうとする人々と合流するのである。ブラッドベリの原作にその言葉はないが、F・トリュフォーの映画では、「うわべは放浪者でも実体は図書館だ」という人々と。都市は廃墟と化した。書物の記憶によって街を再生させるためにモンターグたちは街へと歩み始める。

28　アニメーションのなかの図書館

アニメーション映画『耳をすませば』は、一九九五年、宮崎駿のプロデュース、脚本、絵コンテ、近藤喜文監督で、『風の谷のナウシカ』や『天空の城ラピュタ』同様、スタジオジブリによって制作された。

ストーリーを紹介しよう。中学三年生で高校受験を控えたヒロインの月島雫は、読書好きの女の子で、図書館から借りて物語を読みまくっている。ある日、貸出カードに大沢聖司という名前を発見する。雫の読もうとする本には必ずその名前が記されていた。彼女の心のなかに、その見知らぬ名前が刻みこまれていく。

中学校の最後の夏休みに、雫はひとりの少年と出会う。中学を卒業したら、イタリアに渡ってヴァイオリン職人の修業をしようとしている少年。彼はそのための準備を確かな足どりで進めている。それがあの大沢聖司だった。聖司に惹かれながら、将来も進路も曖昧なままの雫は、聖司の生き方に刺激と触発を受け、読むことから書くことへと向かう。図書館にこもり、資料を読み、自分で物語を書き始める。「耳をすませば」という物語を。雫の物語を創る行為は、聖司のヴァイオリン職人となるための修業にあたるものであり、同様のイニシエーションを体験することによって、雫の心は解放され、聖司と同じ地平に立つことになる。イタリアでの二カ月の研修を終えて帰国した聖司は、朝焼けの丘に雫を誘い、「一人前の職人になったら、結婚してくれ」とプロポーズするのであった。

このストーリーからわかるように、『耳をすませば』というアニメーションでは、図書館が重要な舞台装置であり、物語は雫の生活と雫の図書館との往復を中心にして展開されていく。県立図書館で借りてきた「ウサギの冒険」（アーサー・ランサムを彷彿させる）を含めた三冊の本、貸出カードに記されていた共通の名前、県立図書館にも所蔵されていないが、中学校の図書室にはある「フェアリーテール」とその寄贈者名、司書教諭の存在、県立図書館の書棚の風景、そこで物語を書くために「猫の民俗学」や「東欧史」や「鉱石図鑑」を抜き出して閲覧室で読んでいる場面、このように『耳をすませば』は本と図書館の風景にあふれている。そればかりではない、雫の父は県立図書館の司書であり、声優は猫ビル図書館を持つ立花隆が担当している。そして物語のもうひとつの重要な場所である地球屋という古美術商の店も、図書館への道筋で猫を追いかけていって発見されるのである。

このアニメーション『耳をすませば』は、柊あおいの同名のコミック（集英社）を原作として、宮崎駿が脚色した作品であり、監督は近藤喜文であるが、宮崎駿の物語であると考えてもいいと思う。宮崎駿は『出発点』（徳間書店）で、「原作はごくありふれた少女マンガの、よくあるラブストーリーにすぎない」と書いている。それならばどうしてこの「ありふれた少女マンガのよくあるラブストーリー」をアニメーション化しようと宮崎駿は考えたのであろうか。それは少年を原作と異なるヴァイオリンを弾く少年、中学を卒業するとイタリアに渡り、ヴァイオリン職人を夢見る少年に替えれば、宮崎駿の物語となると考えたのである。「そう設問した時、ありきたりの少女マンガが、突然今日性を帯びた作品に変身する原石―カットし、研磨すれば輝く原石に、変身したのである」。つまり柊あおいの原作は枠組みとして捉えられた。そして宮崎駿は次のようにも述べている。「この作品は、ひとつの理想化した出会いに、ありったけのリアリティーを考えながら、生きる事の素晴らしさをぬけぬけと唄いあげようという挑戦である」。

もちろん宮崎駿のことであるから、『耳をすませば』において、「生きる事の素晴らしさをぬけぬけと唱いあげ」ることには成功しているが、その「ありったけのリアリティー」には疑念を呈さざるをえない。それはまず原作にはない、多摩ニュータウンらしき郊外に物語の場を移していることから露呈しているように思える。原作では雫の家は一戸建であるが、アニメーションでは団地になっている。丘陵地帯の郊外の風景は高層ビルと緑の自然の調和したものとして描かれ、電車と駅前の商店街が日常のように映し出される。流れる歌はオリビア・ニュートン・ジョンの「カントリー・ロード」の訳詞である。宮崎駿が脚色したこれらの風景と装置は、郊外が新しい共同体としてすでに確固として存在しているような錯覚を与える。富岡多恵子の『波うつ土地』(講談社)のボーダーとしての郊外はまったく隠蔽されているのだ。

そして図書館の現在もリアリティが欠けている。雫の父は腕貫をして、蔵書の整理をしているが、もはやそうした司書は存在しないといっていい。八〇年代にほとんどの公共図書館がプラスチック磁気カードと蔵書マークシステムを導入し、名前を書きこむ貸出カードは消滅してしまった。だから貸出カードに記入された名前から物語が始まることはありえない。人間も蔵書も記号化されてしまい、個人名と本とがもはや結びつかない。図書館のことだけを考えても、この物語は七〇年代まで退行している。むしろ図書館をテーマにするならば、こうした図書館の現在から物語を始めるべきなのだ。柊あおいはアニメーション完成後、猫の図書館をテーマにして続編「幸せな時間」を描いた。

29　図書館での暗殺計画

コミックのなかの図書館をまたみつけたので紹介しよう。その前に一冊の本について語るのを許してほしい。出版された当時は、ほとんど話題にのぼることもなく、絶版になったままで、忘れ去られてしまった一冊の翻訳書がある。それは一九七六年に二見書房から刊行された、マーク・イレルとクラリッサ・ヘンリーの共著で、七五年にフランスで原著が出されている。邦訳タイトルは『狂気の家畜人収容所』。訳者は鈴木豊である。

この邦訳名は出版社と編集者の見識を疑わざるをえない。絶版のままで放置されてしまったのは、内容にそぐわない扇情的な邦訳名によることが大きいように思われる。原書名は*Au Nom de la Race*であり「人種の名のもとに」とでも訳すべきなのだ。フランスのナチズムに関する歴史書では、基本参考文献としてかなりの頻度でとりあげられているし、そうした意味において、本書は正当な歴史ノンフィクションであり、他に類書のない貴重な資料でもある。したがって、このような邦訳名で出版されたことは残念でならない。

『狂気の家畜人収容所』（仕方がないので便宜的にこの邦訳名を使用する）は、ナチスのレーベンスボルンについて書かれた唯一のノンフィクションである。ヒットラーやナチズムや第三帝国に言及する時、かならずアウシュヴィッツ強制収容所やユダヤ人ジェノサイドが語られる。しかし誰もレーベンスボルンについてはふれていなかった。

レーベンスボルンとは何か。レーベンスボルンは第三帝国時代に創られた言葉で、ドイツ語のレーベン＝生命と中世語のボルン＝泉の合成語である。一九三一年、ナチスは純粋なアーリア系ドイツ人のために、ユダヤ人種族との混血から国民を守るというスローガンのもとに、種族、植民総局（RuSHA）を創設した。そして種族の健康、選別という手段による種族の改良、純血な人間のための結婚のコントロール、国家施設内での子供の養育を目的としたレーベンスボルンが、ドイツだけでなく、ヨーロッパ各地に設置された。未婚の母たちが収容され、レーベンスボルンで多くの子供たちが誕生し、育てられた。そればかりでなく、ヨーロッパ各国から何十万人もの子供たちが誘拐され、レーベンスボルンに収容された。人種改造の名のもとに、国を、親を、過去を失った子供たちは、戦後になってもヨーロッパをさまよっている。

この第三帝国の歴史にあって、秘匿されていたレーベンスボルンの記録は、日本において訳書がすぐ絶版になったのにもかかわらず、作家たちに密かな波紋として広がり、それぞれの物語の水脈となって、次第に姿を現わしていく。レーベンスボルンの記録はまず船戸与一の七九年の『非合法員』（講談社）に流れこむ。『非合法員』の主要なキャラクターのひとり、ハンス・ボルマンはレーベンスボルンの産院で生まれた身体障害児という設定になっている。さらに船戸与一は、外浦吾朗のペンネームで『ゴルゴ13』の原作を数多く書いているが、八一年その最高傑作「毛沢東の遺言」（『ゴルゴ13』51巻、リイド社）において、『ゴルゴ13』のルーツはナチス・レーベンスボルンの日本版「超高度東洋種族創出所」にあったとする仮説を提出している。

九〇年代になっても、『狂気の家畜人収容所』からの物語の水脈は続く。九七年の皆川博子の『死の泉』（早川書房）は、「レーベンスボルンの存在を知ったのは、（中略）原題を*Au Nom de la Race*という一冊の翻訳書によってでした。戦争が子供にもたらした不条理として傷のように深く心に残り、いつかこの素材を物語に生かしたい」という意図のもとに書かれたレーベンスボルンのトラウマを負いながら生きる少年たちの物語だ。

小説ばかりではない。一九九四年から連載が始まり、現在単行本が16巻まで刊行されているコミック、滝沢直樹の『Monster』も、その物語の淵源を『狂気の家畜人収容所』に仰いでいるように思える。ドイツを舞台に、日本人の脳外科医テンマを主人公にしたこのコミックは、作画、ストーリーともに歴史ミステリとして高度の達成を示していて、様々な物語の要素が集大成して流れこんでいる。表記はされていないが、背後には優れた原作者が控えているように推測できる。八六年、テンマは瀕死の重傷を負った双子のひとりヨハンの命を救う。しかし病院長たちの殺害事件とともに、双子のヨハンとアンナは失綜する。九五年、テンマは殺人の汚名をきせられ、逃亡生活に入る。そして殺人の背後にはモンスターと化したヨハンが存在し、そのルーツを追っていくとキンダーハイムという旧東ドイツの孤児院にたどりつく。キンダーハイムは東ドイツ各地にあり、またプラハにもある。まさしくレーベンスボルンの再現。そしてようやく図書館の風景が出現する。

ヨハンを追うテンマは、8、9巻でミュンヘン大学図書館に潜み、書棚の上からヨハンを射殺しようとする。発見される謎の絵本、銃撃、戦闘、放火、燃え上がる蔵書と図書館。凶々しい物語と凶々しい図書館の風景。

30　ハードボイルドと図書館

一九九六年二月、大藪春彦が六十一歳で死んだ。五八年の処女作『野獣死すべし』（角川文庫）から九六年の絶筆『暴力租界』（徳間書店）に至るまで、長編、短編集あわせて百八十一作という膨大な作品群を休むことなく書き続けた。大藪春彦の早すぎると思われる死は、書くという戦場での死の印象を残している。大藪春彦の作品群は、新書や文庫というかたちで繰り返し出版され、刊行点数は六百冊をこえ、個人全集ともいうべき『大藪春彦選集』（徳間書店）は、九五年で百五冊に達している。しかもこの個人全集の創刊は六五年であるから、三十年以上にわたって、品切、絶版となることなく、絶えず重版され続けていた。移ろい行く出版業界にあって、このように個人全集が長期間存続した例はないと思われるし、その背後には膨大な読者が存在していたことになる。そればかりでなく、大藪春彦の切り開いた地平の上に、現在の冒険小説やハードボイルド小説の隆盛があるのであり、それはコミックの世界にも流れこみ、劇画の世界は大藪春彦を抜きにしては語れないといっていい。

敗戦とそれに続く植民地からの引き揚げ体験に基づく反国家、反権力の大藪春彦の物語。その物語世界はいつだって銃と車が描かれ、そのメカニズムと使用法に熟知した主人公たちは、高度成長期前期から九〇年代までの戦後社会の風景を異化するように、一貫して日常を戦争の場面へと転換させ、そこで行なわれる戦闘に出撃していった。

しかし、大藪春彦の紡ぎ出した物語世界とは、敗戦と引き揚げ体験といった現実的なこともさることながら、大藪春彦の個人的な読書の集積によって誕生したのではないだろうか。それはおそらく、戦後日本の一九四〇年代後半から五〇年代にかけてあった読者の青春時代を背景として、大藪春彦と同世代の人々が共有していたものであろう。それが処女作『野獣死すべし』の重要な色彩となっている。この作品はそうした視点から読むならば、大藪春彦＝伊達邦彦の読書史であり、読書の連鎖とその遍歴によって、『野獣死すべし』の物語が形成されていることに気づくだろう。ハードボイルドという形式はとっているが、この著者名と書名にあふれた小説とは一種の読書日記でもあり、その背後には読書のざわめきが反響している。つまり大藪春彦は文学青年として『野獣死すべし』を書いたのである。

植民地から四国に帰還してきた『野獣死すべし』の主人公で中学生の伊達邦彦は、即座に本を読み始めるのだ。「本を読むのは二年ぶりである」、「久しぶりの書物からの知識は、熱砂に落ちた雨の様に邦彦の頭に吸いこまれる」。そしてツルゲーネフの『猟人日記』からロシア文学に入り、ドストエフスキーの『カラマーゾフの兄弟』に及ぶ。その大審問官に触発され、ニーチェに至る。「邦彦はロシア文学の中に、権力への反逆と地鳴りの様に巨大な民衆のエネルギーを見た」と記されている。高校生になった邦彦は、オストロフスキーの『鋼鉄はいかに鍛えられたか』を読み、コミュニズムに接近する。「コミュニズムは世界の青春」であると呟き、学校の図書館で『マルクス＝エンゲルス全集』を読破する。新聞部に入り、革命は近しと書き、天皇制を批判する。新聞は没収、焼却され、コミュニズムと訣別。その時レールモントフの『現代の英雄』の主人公ペチョーリンの姿が脳裡に浮かぶ。「己れの破滅にまでみちびく絶望につかれ、悪行の中にのみ生きがいを感じるペチョーリンの姿は邦彦の偶像とまでなる」。そして演劇部に入る。「人生は芝居だ。幕間喜劇にすぎない」。戯曲、演劇理論書が読まれていく。スタニスラフスキー、ダンチェンコ、クレーグ、真船豊、三島由紀夫、福田恆存。

『聖書』を読みふけり、キリストの評伝を百枚書く。高校生活を終え、プロテスタント系の神学校に入学。これは記述はされていないが、いうまでもなくスタンダールの『赤と黒』の影響であろう。神学生たちが語っているのは、バルト、赤岩栄、ヤスパース。しかし「旧訳も新約もやればやるほど解らなくなる」。

だがこの神学校の図書館で、大藪春彦はアメリカのハードボイルド小説と決定的な出会いをすることになる。この場面は『野獣死すべし』ではなく、大藪春彦追悼集として出された『蘇える野獣』（『問題小説』九六・七増刊）所収の「大藪春彦年譜」から引用しよう。一九五五年、大藪春彦二十歳。

「ここで英語をマスターした春彦は、図書館でアメリカのハメット、チャンドラーのペーパーバックに出会い夢中で読みふける」。

神学校の図書館とハードボイルドの奇妙な組み合せ、そしてレールモントフの『現代の英雄』が融合し、『野獣死すべし』の前史が形成され始める。第一冊目にミッキイ・スピレインの『大いなる殺人』、第二冊目にダシール・ハメットの『赤い収穫』を収録した「ハヤカワ・ポケット・ミステリ」が創刊されるのも一九五三年である。新しい物語形式としてのハードボイルドもこの時代から開花しようとしていた。

同時代は同学年の大江健三郎は、ＣＩＥ図書館でマーク・トウェインを読んでいた。同じく同学年で四九年にカトリック修道会の施設に入っていた井上ひさしは、その図書室で何を読んでいたであろうか。

31　出版社と図書館

現代の作家のポートレートで、作家の書棚が写っていることはあっても、書庫にいる写真はほとんどみることができなくなった。しかしかつてはよく作家の書庫にいる写真が撮られ、個人全集にはかならず一枚そうした風景が収録されていた。たまたま読んでいた『長谷川伸全集』（朝日新聞社）の第一巻の口絵の写真は、長谷川伸が書庫にいる姿を写している。白井喬二とともに時代小説の開拓者であり、晩年は実証的な史伝やノンフィクションに没頭した長谷川伸は、必然的に膨大な資料を収集していたようで、それは書庫の写真からうかがうことができる。長谷川伸ばかりでなく、当時の作家たちは作品を書き続けながら、現代の作家とは規模の異なる独自の書庫、図書館を形成していたのではないだろうか。その蔵書と作品の関係は文学研究の興味深いテーマであると考えられるが、作家の死後散失してしまったり、また図書館や作家の名前を冠した文学館に寄贈されても蔵書目録が作成されていないこともあったりして、一部の作家を除いて実現していない。また蔵書目録までが全集に収録されているのは『漱石全集』（岩波書店）、『島崎藤村全集』（筑摩書房）だけであろう。

自らの資料室、図書館を必要としたのは、作家だけでなく、出版社も同様であった。本や雑誌を編集することは関連文献や資料とのレファレンス作業であり、百科辞典や文学全集の編集なども引用を必要とする。その編集作業を効率化し、精度を高めるためには出版社固有の資料室、図書館の存在が不可欠であり、それは倉庫と異なる自社刊行物を保存する場所ともなる。したがって、出版物が多岐にわたる大手出版社こそ、それなりの資料室、図書館をもっていると想像できるが、関係者以外は利用することができないため、出版社の図書館の蔵書の内容に関してはよくわかっていない。最近になってようやく講談社が講談社野間記念館、光文社がミステリー文学資料館を開館し、また秋田県角館町に新潮社記念文学館ができたが、それぞれの出版物の一部であり、その全貌が展示されているとはいえない。

出版社の社史は数多く出版されているが、自社の資料室、図書館にふれているのはほとんどなく、刊行物に関しても全貌を網羅するものは少ない。関東大震災と第二次大戦による焼失という原因もあるのだが、出版点数に比較して日本の出版史研究が欧米諸国より一段と遅れているのは、こうした資料が整備されていないことにもよっている。明治を代表する博文館もその全出版刊行目録は不完全なものしかないし、大正から昭和前期に隆盛をきわめた改造社にいたっては社史すらもなく、出版刊行物の全体像は茫洋としている。日本特有の近代出版流通システムは生産と流通に比重がおかれ、保存ということに目が向いていなかったことの反映であろう。

戦前の博文館と大橋図書館については前述したが、現在でも自社の刊行物を中心にして、図書館をもち、一般公開している出版社も存在する。それは主婦の友社のお茶の水図書館であり、東京書籍の教科書図書館東書文庫である。以下、『主婦の友社の五十年』(主婦の友社)の「お茶の水図書館の成り立ち」と『近代教科書の変遷—東京書籍七十年史』(東京書籍)の「教科書図書館東書文庫」を参照して、これらにふれてみることにする。これらの図書館の成立も、大橋図書館によって始まった出版社による私立図書館の時代を継承していると思われる。

主婦の友社の創業者石川武美は、中学を中退したため、それ以後は図書館の恩恵を蒙ることが多く、夢は図書館を建てることであった。それも『主婦の友』に一生をささげたことから、女性のための図書館をめざした。戦前に計画されたが、実現したのは戦後の昭和二二年であった。その特色は女性専用ということであり、それは世界でも初めての図書館となった。蔵書内容は主婦の友社の資料室から寄贈を受けた婦人家庭雑誌編集に不可欠とされる女性のための実用書、教養書を中心としているが、その一方で徳富蘇峰の成簣堂文庫と佐々木信綱の竹柏園文庫といった古典籍も収集している。

東書文庫は、日本で最初の教科書図書館として昭和九年に企画され、昭和一一年に開館している。それまで教育に関する専門図書館はなかったため、文献が散逸してしまうということで、江戸時代から開館時に至るまでの教科書をはじめとする教育関係資料の収集と保存を目的として設立された。その蔵書は東京書籍刊行の教科書、教育関係文献から始まり、現在では十三万冊に及び、日本の近世、近代教育の一大文献になっている。

しかし、主婦の友社や東京書籍の刊行物や資料文献が、生きられる図書館として保存されているのは例外であるといってよく、現在の出版不況のかたわらで散逸するか解体され始めている。『中央公論』の編集長であった粕谷一希は『中央公論社と私』（文藝春秋）のなかで、唐突に次のような文章を挿入している。「かつては大宅文庫以上に資料の宝庫といわれた資料室が笹島君というこよなき管理者が去って以来、高梨氏の担当といわれながら担当者も決められず放置され、あれでは資料が散逸してしまうと心配する人々がいた」。中央公論社ばかりではない。平凡社の資料室も中央公論社に匹敵するかそれ以上のものだといわれていた。おそらく、平凡社の資料室も数次にわたる移転によって、散逸したか解体されたにちがいない。一九九〇年代にふたつの特異な図書館が消滅したことになる。

32 現代風俗の場所としての図書館

一九六〇年代に全国で八百館しかなかった公共図書館は、八〇年代から急激に増加し続け、二一世紀に入った現在では、二千六百館に及んでいるという。その結果、これまで図書館のなかった地方自治体も図書館をもつに至った。この事実はここ二十年間に図書館の利用者や貸出冊数が飛躍的に増加したことを示すとともに、一般市民にも広く開放されることで、それまでの読書や検索や調査のための近代図書館から、行政サービス機関としての現代図書館へと移行したことを物語っている。近代図書館から現代図書館への転換は、図書館流通センターなどの図書マークシステムの開発と、図書館納品に関しては図書自動発注方式の導入によって支えられ、進行したことになる。システム化によって膨張した現代図書館は、近代図書館以上に専門司書の不在を招いた。おそらくこの過程で、書物のイメージもまた変容したことはまちがいないだろう。

そして、書物のイメージが変容していくなかで、図書館に集う人々の物語や図書館という場所もイメージも、またそこで起きる出来事も大きく変化したのではないだろうか。私たちは図書館の内側にはいない。いつも外側から図書館員や図書館の蔵書をみている。しかし図書館の内側から図書館員たちがそこに集う人々の物語や出来事を透視した時、どのような風景が操り拡げられるのか。そのことをテーマにした小説がある。旧制中学二年の時、雪国の小さな図書館で、永井荷風の『つゆのあとさき』を読み、衝撃を受けた少年が後年作家となり、小説の舞台として図書館を選ぶ。その小説は次のような書き出しで始まる。

「その図書館は月曜が休みで、土曜日曜は五時半までだから、日曜の六時になると古参の館員たちは副館長の部屋で酒を飲んだ。土曜の六時にはじめることもあつた。ときには館長も加はるし、女もまじる。酒は本屋その他からの貰ひ物が多いが、それだけでは足りないから金を出し合つて買ふ。肴は近くの肉屋から惣菜を買つた」。

そして図書館員たちの飲み会の話題は、本のことから他愛もない話に移っていく。その他愛もない話とは、夏休みになってこの図書館に通い出した娘と若者のことである。娘は二十で若者は二十四、ともに大学生で急に親しくなり、毎日同じ閲覧室で並んで本を読み、昼食も一緒で、揃って帰る。図書館員たちは酒の肴に二人の品定めと関係について話している。

そこで図書館員たちは退場し、次の火曜日から始まる娘と若者の物語となる。二人は図書館の昼食の後、すぐそばの公園に散策に出かける。そこで若者は自分が大阪の出身で、親に2DKの部屋を買ってもらって住んでいると話し、自分の部屋に寄らないかと誘う。しかし娘はうなずかない。若者は代わりに二年前にいった佃島の祭にいこうという。今日は佃島の祭の日だ。娘は東京生まれの東京育ちなのにいったことがない。二人は図書館を出て、地下鉄で佃島へ向かう。勝鬨橋、隅田川、佃島、娘はタイム・トンネルをくぐっているようだという。神社、牛若丸の橋、仕立船、銭湯、舟宿、神楽屋とたどっていくが、祭は出現しない。今年は蔭祭で神輿も出ないし、笛や太鼓もならないし、露店も出ていない。案内役の若者の面目は丸つぶれである。神社の境内ではすでに藤の花が散ってしまっている。境内にある疱瘡神社と疫神社の二つの小さな祠、船魂神社、龍神社、稲荷神社とめぐっていく。

二人は境内を抜け、近くの蕎麦屋に入り、氷いちごを注文する。娘はそれを半分食べ残して、若者にあなたの部屋にいこうという。地下鉄に乗り、若者の部屋に着く。ベッドの上の会話は、娘が処女であり、若者が童貞であることを告げる。初めての性行為は不首尾に終わり、若者はまたしても面目を失ったと感じる。

その翌日、図書館で若者は娘を待っていたが十二時になっても姿をみせない。昼すぎてようやく現われた娘は服装が昨日と一変している。白のキュロットから花柄のワンピースへ。二人で並んで本を読みながら、娘はこうしているほうが楽しいと若者にメモを渡す。若者は侮辱されたと感じる。そしてこの小説は次のような一節で終わる。「娘が心の表面では読書の喜びについて述べてゐるつもりで、しかし心の底ではわれしらず男を誘つてゐることに、この鈍感な青年はまだ気がつかない」。

この図書館から始まり図書館で終わる五十頁にみたない小説は、一見平易のようにみえるが複雑な仕掛けと先行する文学作品や民俗学、神話の引用から織りなされているように思える。図書館の丘、地下鉄、川、島という道筋は神話の旅のようである。二人の佃島行きは道行であり、死者の言葉に導かれた祭の不在は性行為の不首尾を象徴している。地名の表記、神社や祠の名称は民俗巡礼を意味し、その過程で言及される様々な色彩は性的メタファーでもある。この作品の背後には、永井荷風の『墨東綺譚』から吉本隆明の「佃渡しで」、あるいはランボーやボードレールの詩句までが揺曳している。

この短編は丸谷才一の「鈍感な青年」である。一九八八年の『樹影譚』（文藝春秋）に収録されている。

33 図書館の出版物 Ⅰ

一九七七年に出版されたフランス文学者の岡谷公二の『柳田国男の青春』（筑摩書房）は、柳田国男研究において画期的な一冊であった。柳田国男の明治四〇年代から始まる民俗学草創期以前の青春時代を詳細にたどった『柳田国男の青春』は、後年の民俗学者としてではなく、「色と光と匂いとがせめぎ合っている」抒情詩人としての柳田国男を描いている。幼少年期をすごした二つの故郷での原体験、森鷗外との出会いによる文学的目ざめ、歌人松浦辰男への師事、『文学界』の人々との交流、抒情詩人としての出発、農政学への道筋、竜土会、イプセン会、集古会との関係、これらの民俗学者柳田国男の前史が原資料を博捜して明らかにされていく。

さらに岡谷公二は、生前柳田国男が『定本柳田国男集』に収録することを拒否し、抹殺してしまった新体詩集『野辺のゆき丶』(『明治文学全集』60、筑摩書房)の初めての検証を試みる。明治三〇年に刊行された『野辺のゆき丶』は「夕ぐれに眠さめし時」という詩から始まっている。

うたて此世はをぐらきを
何しにわれはさめつらむ、
いざ今いち度かへらばや、
うつくしかりし夢の世に、

岡谷公二はこの『野辺のゆき丶』のなかにこそ、民俗学者としての柳出国男の原風景があるのであり、柳田国男は『野辺のゆき丶』から読みはじめなければならないと述べている。ここで初めて岡谷公二によって、新体詩集『野辺のゆき丶』と民俗学的著作『石神問答』と『遠野物語』との関係性、連続性が指摘されたことになる。そして柳田国男の抒情詩人から農政学者、民俗学者への転換の背後には『野辺のゆきゝ』に想像することができる切実な恋愛体験があったのではないかと推測している。

このように岡谷公二の『柳田国男の青春』は民俗学ではなく、文学の側から読まれた柳田国男像を提出していて、瑞々しい研究となっているが、私にとって最も印象的であったのは田山花袋との交流について、多くの言及がなされていたことである。田山花袋は『蒲団』といった自然主義の作家になる以前に、柳田国男をモデルにして多くの作品を書いていることを改めて知った。『柳田国男の青春』に続いて、八年後に岡谷公二は『貴族院書記官長　柳田国男』（筑摩書房）を上梓し、これもまた伝記上空白であった大正時代の柳田国男を描き、青年から壮年にかけての柳田国男を追跡している。とすれば、岡谷公二の柳田国男の三作目は、昭和初期の柳田国男となるのが必然であったと考えられるが、一九九六年の『殺された詩人―柳田国男の恋と学問』（新潮社）は再び柳田国男の青春に戻るのである。

そのきっかけとなったのは、一九八七年に館林市に開館した田山花袋記念館から出版された一冊の本であった。田山花袋記念館は九二年から田山花袋に関する資料の出版を始め、「田山花袋記念館研究叢書」として、現在まで五冊を刊行している。以下はそのリストである。

『田山花袋宛柳田国男書簡集』
『「蒲団」をめぐる書簡集』

『花袋周辺作家の書簡集』一
『花袋周辺作家の書簡集』二
『田山花袋宛書簡集』

このうちの『田山花袋宛柳田国男書簡集』は、明治二五年から昭和五年までの田山花袋にあてた百十七通の書簡集であり、田山家から記念館に寄贈されたものからなっている。この書簡集を手がかりにして岡谷公二は再び柳田国男の青春を描き、柳田国男の恋愛を再現しようとして、『殺された詩人―柳田国男の恋と学問』を書き始める。

新体詩と書簡と田山花袋の『野の花』(『定本花袋全集』第一四巻、臨川書店)をはじめとする多くの柳田国男をモデルとした小説の検証によって、岡谷公二は柳田国男の恋が現実のものであり、その恋人の名前がいね子であることを明らかにする。そしていね子は明治三三年に結核のため、わずか十八歳で死去している。父母なきいね子の家庭の事情や結核という病のために柳田国男の恋は悲恋に終わる。いね子と別離の後、歌にわかれを告げ、柳田家と養子縁組を決め、大学を卒業し、農商務省に入って官吏の道を歩み始める。この恋愛から養子への転換について、岡谷公二は「そこに或る痛切な断念があったことは明らかである。国男の柳田家入りとは、単に姓を変えて別の家に入っただけのことではない。そこで一旦松岡国男は死に、以後彼は柳田国男として別の人生――余生を、と書きたい誘惑にさえ私は駆られる――を歩みはじめるのである。松岡国男と柳田国男は別の人間なのだ」と書いている。しかし柳田国男のなかで松岡国男は生き続け、『石神問答』や『遠野物語』を書いた時、松岡国男の顔を表出させるのである。

かくして、田山花袋記念館が出版したこの『田山花袋宛柳田国男書簡集』は、田山花袋を経由して松岡国男の実像を浮かびあがらせ、柳田国男の前史研究の貴重な一冊となったのである。この本の他にも、文学館、図書館刊行物には貴重なものがあるにちがいない。だが私たちはまだその全貌をつかんでいない。

34　図書館の出版物　Ⅱ

日本近代文学館は、高見順、伊藤整、川端康成、稲垣達郎、小田切進の提唱により、一九六二年に日本近代文学の資料の収集、保存、整備を目的として設立された。そして六七年に、日本で初めての近代文学総合資料館として、東京駒場に開館するに至った。後になって考えれば、この時代でなければ日本近代文学館の設立は不可能であったかもしれない。なぜならば、七〇年代に入るとオイルショックが起き、高度成長期が終わり、設立資金の募集が困難になっていただろう。そして日本近代文学館の設立がなければ、近代文学の研究も立ち遅れていただろうし、資料も散逸してしまった可能性が高い。日本近代文学館によって編集された近代文学の最大のデータベースである『日本近代文学大事典』（講談社）の七〇年代後半の出版も実現していなかっただろう。そうした事情を最もよく認識していたのは、高見順をはじめとする文学者たちであり、日本近代文学館は文学者たちによって初めて設立された図書館なのである。

日本近代文学館の果たした大きな役割は、資料の収集、保存、整理だけでなく、『日本近代文学大事典』の編集、近代文学作品とリトルマガジンの復刻であると考えられる。そしてその流通と販売を支えたのは、ほるぷ出版であり、ほるぷ出版（前身は図書月販）も日本近代文学館と同時に立ち上がっている。『ほるぷ出版の10年』の中森蒔人の証言によれば、初代館長の高見順は日本近代文学館が軌道にのり、資金ができれば復刻をやりたいと語っていたという。そしてこの高見順の構想とほるぷ出版の活動が結びつき、近代文学の復刻が始まる。

それらの復刻出版は六九年から七二年にかけて刊行された。

『名著複刻全集　近代文学館』（全百二十点、百四十七冊）
『新選　名著複刻全集　近代文学館』（全三十七点、四十冊）
『特選　名著複刻全集　近代文学館』（全二十九点、三十一冊）
『精選　名著複刻全集　近代文学館』（全三十二点、四十五冊）

これらの復刻全集に収録された作品についていちいち書名をあげることはできないが、明治から昭和前期にかけての主要な小説、詩集であり、七〇年代であってもすでに入手、閲覧することが困難なものばかりであった。初版部数はせいぜい五百部をこえていなかったであろうし、残存しているものはおそらく数部しかなかっただろう。そのうちの最も保存が良好なものを原本として復刻したこのシリーズは、テキストの初出の姿だけでなく、著者、出版者、印刷者たちの手工業によって創造された書物の原初のかたちを再現してみせてくれた。そしてその再現は、文学者、研究者、古書業界、愛書家、印刷、製本、紙に携わる人々の総力によって可能となったのであり、二度と出現しない復刻の黄金時代であったように思える。日本近代文学館の設立と同様、復刻出版もこの時代でなければ実現できなかったのではないだろうか。この時すでに近代文学は終焉し、現代文学へと移行し始めていた。そして近代文学の復刻とともに誕生したほるぷ出版も二〇〇〇年には倒産に追いこまれた。

日本近代文学館の復刻は、リトルマガジンや同人雑誌にも及んでいる。『名著複刻全集』と異なり、知る人も少ないと考えられるので、そのタイトルをあげておこう。これらもまた明治から大正にかけての著名なリトルマガジン、同人雑誌である。

『ほととぎす』『よしあし草・関西文学』『地上巡礼』『人間』『新興文学』『マヴォ』『山繭』『辻馬車』『文芸市場』『文芸公論』『白痴群』『作品』『文科』『プロレタリア文学』『四季』

『文学界』『鵲』『歴程』『新生』『近代文学』『世代』『荒地』『文体』『方舟』『序曲』これらのリトルマガジン、同人雑株の復刻は、研究者が対象であるため、ほるぷ出版が流通、販売を引き受けておらず、日本近代文学館が直接販売している。

こうした六〇年代から七〇年代にかけての日本近代文学館の設立とその出版活動は、様々な文学館の開館とその特色にみあった出版を促したように思える。たとえば金沢を中心に泉鏡花、徳田秋声、室生犀星をはじめとする文学者たちを輩出してきた石川県は、旧第四高等学校図書館を石川近代文学館として保存し、石川県にゆかりのある文学者たちの資料を収集している。そして八七年から全二十巻に及ぶ『石川近代文学全集』の出版を開始し、九八年にようやく完結をみた。東京で編まれる全集と異なり、マイナーな作家である森山啓に一巻、加能作次郎、藤沢清造、戸部新十郎に一巻という風に、石川県ゆかりの作家たちにスポットを当てている。

県別の文学全集としては、郷土出版社の『長野県文学全集』『新潟県文学全集』『岐阜県文学全集』、立風書房の『北海道文学全集』があるが、文学館が企画刊行した県別文学全集はこの『石川近代文学全集』だけであろう。地方の時代といわれて久しいが、単独で文学全集をもっている県や道はわずか右記の五つしかないのである。

「ふるさとは遠きにありて思ふもの／そして悲しくうたふもの」（『抒情小曲集』）と犀星が歌っているように、都市で書かれてもその文学の原風景はかならずや故郷の風土のなかに発見される。

それを確認するために郷土の文学全集を持つ必要がある。しかし、不幸なことに私たちのほとんどはそうした文学全集を持っていない。

35 悪魔学《デモノロギイ》と図書館

埴谷雄高は『影絵の世界』（平凡社）、『影絵の時代』（河出書房新社）という二冊の文学回想録を書いている。二冊とも題名に「影絵」がつけられ、同様に回想録であるのだが、その内容と性格はまったく異なっている。

『影絵の世界』は、平凡社の『ロシア・ソビエト文学全集』の月報に連載されたものであることから、埴谷雄高の個人史であると同時に、大正から戦前の昭和にかけての外国文学読書史ともなっている。また埴谷雄高は意識していなかったかもしれないが、『死霊』の世界と同様に、昭和前期の特異な都市風景論であり、この『影絵の世界』の風景に触発されて、海野弘は「日本の一九二〇年代」というサブタイトルを付した都市文学論『モダン都市東京』（中央公論社）を書いた。

しかし、『影絵の時代』は埴谷雄高のほかに、山室静、平野謙、本多秋五、荒正人、佐々木基一を同人とする『近代文学』（日本近代文学館によって復刻）を中心にした戦後の回想録であり、戦後の文学者たちの群像ドラマとなっている。ここでは『影絵の世界』についてふれてみることにする。

埴谷雄高は明治四二年に台湾で生まれている。そして他の『近代文学』の同人たちも、埴谷雄高と相前後して生まれている。この事実は外国文学の翻訳出版史から考えると、彼らの少年期から青年期にかけてが、空前の翻訳出版時代であったことを告げている。日露戦争の後から大正にかけて、森鷗外の『ファウスト』訳や坪内逍遥のシェイクスピア全訳が出版され、ロシア文学、フランス文学、イギリス文学が次々と翻訳されていった。昭和に入ると円本が出現し、「円本と図書館」の項で前述したように、翻訳の円本全集は『世界文学全集』(新潮社)から始まり、大衆文学、戯曲、思想にまで及び、それまでの翻訳文学、戯曲、思想の総決算という状況を示した。これらの翻訳文学の読者層をベースとして、外国人作家の個人全集も次々と出版され、また翻訳書を中心とする岩波文庫が創刊される。

したがって、埴谷雄高たちの世代は明治時代の文学者とは質量的に異なる外国文学の影響を多大に受けて少年期、青年期をすごしたことになる。翻訳書の氾濫した初めての時代のなかで。そのことについて、埴谷雄高は次のように書いている。「私たちの二十世紀は、〈活字の魔〉に憑かれた乱読の世紀、とでもよばれるにちがいない」。あるいはまた「そこに黒く目を射る活字があるため現世紀に生まれあわせた私たちはみなみずから思いもうけぬ乱読のなかへひきずりこまれる運命を負ってしまっているといえるのであった。／そして、私も、もちろん、このような世紀の子として、光栄ある乱読者のひとりだったのである」と。

『影絵の世界』はこうした埴谷雄高の翻訳書の乱読の記録である。ゴンチャロフの『オブローモフ』とレールモントフの『現代の英雄』を読んだ台湾の少年時代、結核の病床でのドストエフスキーとアンドレーエフ、シュティルナーの『唯一者とその所有』とロンブローゾの『天才と狂人』、病院の待合室でのプルースト、病を療養しにいった北海道でのスタンダールの『赤と黒』とプーシキンの『オネーギン』、大学の予科でのマルクス主義文献、アナキズム文献、豊多摩刑務所でのジョイスの『ユリシーズ』、トルストイの『戦争と平和』『アンナ・カレーニナ』、ゲーテの『ヴィルヘルム・マイスターの遍歴時代』、そしてカント。

しかし、これらの翻訳書の乱読だけによって埴谷雄高の文学世界が形成されたのではない。そこにさらに「私たちの精神がこの地上からできるだけ離れて遊行する種類の書」であるデモノロギイへの耽溺時代があった。それらのデモノロギイの洋書は、上野図書館より九段下の大橋図書館に多く収蔵されていた。『影絵の世界』では、詳しくふれていないが、「悪魔観の退歩」(『振子と坩堝』、未来社)というエッセイで、大橋図書館のデモノロギイ蔵書について、それらがどのような書物であったか、具体的に述べている。

それらの書物は高価で、蒐集困難なものであり、精霊や呪術師や魔女について書かれた大判で多くの凸版を収めた豪華本であり、大橋図書館では特別図書と名づけられ、貸出所の前にある机の上でしか閲覧が許されていないものであった。そしてそれらの蔵書にはすべて安田蔵書という印が押してあった。埴谷雄高はこの安田とその蔵書について次のように想像している。「この安田が恐らく安田一族に属するブルジョアの家庭に生まれたところのアンニュイにひたり深い偏奇へのめりこんだ風変りの息子で、さらに恐らくは、その無為な人生を終った死後に、それらの書物がすべてこの図書館に寄附されたのかも知れない」。第一次世界大戦後、ヨーロッパは猛烈なインフレーションに襲われ、それは書物も例外ではなかった。この時代に様々な洋書が膨大に日本に輸入されたにちがいない。翻訳書の洪水と図書館に所蔵された特殊な洋書が伝えるデモノロギイの世界、それらの乱読の時代を埴谷雄高は生きていたのだ。そして埴谷雄高は『死霊』の登場人物のひとりを図書館の住人として設定することになる。

36　黒死館と図書室

小栗虫太郎の『黒死館殺人事件』を知ったのは中学生の時だった。「ハヤカワ・ポケット・ミステリ」の目録をみていて、そのなかに三冊だけ、日本人著者による作品があることを発見したのである。その一冊が『黒死館殺人事件』であり、他の二冊は夢野久作の『ドグラ・マグラ』と浜尾四郎の『殺人鬼』であった。『殺人鬼』はともかく、『黒死館殺人事件』と『ドグラ・マグラ』はタイトルと目録解説だけでも、興味をそそられるものがあり、註文したところ品切であった。それらをようやく読むことができたのは、桃源社から『黒死館殺人事件』をはじめとする小栗虫太郎の作品が復刻され、三一書房から『夢野久作全集』が刊行されてからだった。

昭和九年に新潮社から出版された『黒死館殺人事件』の内容については、私が中学生の時読んだ目録解説を引いておこう。

「悪名高きメディチ家の血系、妖妃カペルロ・ビアンカの末裔といわれる降矢木家。黒死館の異名で呼ばれるその屋敷に起る人智を超越した連続殺人。奇怪な予言書の通りに、或いは妖しい光を発し、或いは宙に浮かんで人々は死んでゆく。これは悪魔学と神秘神学に絢爛にいろどられた世界にも比類のない、日本の誇るロマンティック本格探偵小説である」(『ハヤカワ・ミステリ総解説目録』)。

解説にもあるように、ヨーロッパのオカルティズムを背景とした『黒死館殺人事件』は、ペダントリーの迷宮のような色彩に覆われ、夥しい人名、書物、引用から成立しているが、それが最も凝縮して表出しているのは、黒死館の図書室の書物ではないだろうか。『黒死館殺人事件』はゲーテの『ファウスト』にその原型を求めることができるが、黒死館の図書室とは、『ファウスト』の「みなさん、どんなに古い書物にくわしいかたでも、おそらくつぎにあらわれますものはおわかりになりますまい」という一節に照応し、奇怪な書物の宇宙を形成しているのである。黒死館の図書室の扉を開け、その書棚を点検してみよう。

古代百科辞典の棚には、一六七六年版のプリニウス『万有史《ナトウラリス・ヒストリア》』、『ライデン古文書《パピルス》』。医学史書の棚には、ソラヌスの『使者神指杖《カデュセウス》』、ウルブリッジ、ロスリン、ロンドレイ等の中世医書、バーコー、アルノウ、アグリッパ等の記号語使用の錬金薬学書、永田知足斎《ちそくさい》、杉田玄伯、南陽原《みなみようげん》等の蘭書釈刻、隋の『経籍志』、『玉房指要』、『蝦蟇図経《かばくずきよう》』、『仙経』等の房術書医方、サンヒターの婆羅門《ばらもん》医書、アウフレヒトの『愛経《カーマ・スートラ》』梵語原本、限定出版の『生体解剖要綱《ヴィヴィセクション》』、ハルトマンの『小脳疾患者の徴候学《ディ・ジンプトマトロギイ・デル・クラインヒルン・エルクランクンゲン》』等、千五百冊。神秘宗教の書棚には、倫敦亜細亜《ロンドンアジア》協会の『孔雀王呪経《くじやくおうじゆきよう》』初版、暹羅《シャム》皇帝勅刊『阿咜嚢胝経《アタナティ》』、ブルームフィールドの『黒夜珠吠陀《クリシュナ・ヤジュル・ヴェーダ》』、シュラギントヴァイト、チルダース等の梵字密教経典、猶太《ユダヤ》教の非経聖書《アポクリファ》、黙示録《アポカリプス》、伝道書《コヘレット》類、ヴェザリオの『神人混婚《ベネエ・エロヒイム》』。仙術神書の棚には、ライツェンシュタインの『密儀宗教《ミステリエン・レリギオネン》』、デ・ルウジェの『葬祭儀式《リチュエル・フュネレイル》』、抱朴子《ほうぼくし》の『遐覧篇《からん》』、費長房の『歴代三宝記』、『老子化胡経《けこきよう》』等。魔法の書棚には、キイゼルヴェタアの『スフィンクス』、ウェルナー大僧正の『イングルハイム呪術《マジック》』、ヒルドの『悪魔の研究《エチュード・スル・レ・デモン》』等、七十冊余。心理学、犯罪学、病的心理学心霊学の書棚には、コルッチの『擬佯の記録《レ・グラフィケ・デラ・シムラツオネ》』、リーブマンの『精神病者の言語《ディ・シュプラヘ・デス・ガイステスクランケン》』、パティニの『蠟質撓拗性《フレシビリタ・チェレア》』、フランシスの『死の百科辞典《エンサイクロペジア・オヴ・デッス》』、シュレンク・ノッチングの『犯罪心理及精神病理的研究《クリミナルサイコロジイ・アンド・サイコパソロジック・スタディ》』、グアリノの『ナポレオン的面相《ファキス・ナポレオニカ》』、カリエの『憑着及殺人自殺の衝動の研究《コントリビュション・ア・レチュード・デ・ゾブセッション・エ・デ・ザムプルション・ア・ロミシイド・エ・オー・スイシイド》』、クラフト・エーヴィングの『裁判精神病学教科書《レールブッフ・デル・ユリスティッシェン・プシヒョパトロギイ》』、ボーデンの『道徳的癡患の心理《ディ・プシヒョロギイ・デル・モラリッシェ・イディオチイ》』、マイアーズの

『人格及びその後の存在《ヒューマン・パーソナリチー・エンド・サーヴァイヴァル・オブ・ボデイリー・デッス》』、サヴェジの『遠感術は可能なりや《キャン・テレパシイ・エキスプレイン》』、ゲルリングの『催眠的暗示《ハンドブッフ・デル・ヒプノチッシエン・ズゲスチヨン》』、シュタルケの『霊魂生殖説《トラデュチアニスムス》』。古代文献学の書棚には、フィンランド古詩『カンテレタル』の原本、婆羅門音理字書『サンギータ・ラトナーカラ』、『グートルーン詩篇』、サクソ・グラムマチクスの『丁抹史《ヒストリア・ダニカ》』……。

これらの書物と著者は、はたして実在するものなのだろうか。私たちの知っている書物もあるし、著者もいるが、ほとんどは未知といっていい。黒死館の謎はこれらの図書室の蔵書に象徴されている。澁澤龍彥の桃源社版の解説によれば、インド文学者の松山俊太郎はこれらの蔵書の書目解題を作成してみたいと語っていたという。暗号研究家の長田順行は、「小栗虫太郎と暗号」(『白蟻』、教養文庫)で、『黒死館殺人事件』のなかでの暗号問答について、昭和五年に海軍省から翻訳出版されたランジーの『趣味の暗号』との類似を指摘している。とすれば、黒死館の図書室の蔵書もまた同時代の、特に大正末から昭和にかけて出版された精神病理学や犯罪心理学の文献から引用されている可能性が高いように思える。しかし文学関係は、国会図書館編の『明治・大正・昭和翻訳文学目録』(風間書房)で確認できるのだが、精神病理学や犯罪心理学の翻訳に関しては手つかずのままであり、『精神医学事典』(弘文堂)の「文献一覧」も戦前の翻訳をほとんど収録していない。大正九年に日本精神病医協会が創立され、大正一三年に精神病院法が施行となる。これらの動向とともにフロイトやユングが翻訳され始め、中村古峡によって『近世変態心理学大観』(日本変態心理学会)が出版される。『世界猟奇全集』(平凡社)、『世界犯罪叢書』(天人社)、エリスの『性の心理』(日月社)が出版されるのもこの時代である。しかし現在これらの文献はほとんどが散逸してしまっている。これらの書物をすべて収集すれば、黒死館の図書室の雰囲気を再現できるかもしれない。このように、『黒死館殺人事件』は同時代の精神病理学、犯罪心理学の翻訳出版と深い関係があると考えられ、それは精神病院を舞台とした『ドグラ・マグラ』も同様であると思われる。

テキストは松山俊太郎の編集による社会思想社、『黒死館殺人事件』(教養文庫)を使用した。

37 探偵小説のなかの図書室

一九世紀半ば、アメリカでポーによって創造された探偵小説は、イギリスにおいて、コナン・ドイルが継承し、二〇世紀初頭にはフランスに渡った。オーギュスト・デュパン、シャーロック・ホームズ、アルセーヌ・リュパンといった探偵や怪盗が、近代小説のヒーローとして伝播していく。そして日本へと流入した時、それらは換骨奪胎され、時代小説も含めた大衆文学の原型となった。しかし再び、探偵小説は大陸からアメリカやイギリスに帰還し、ハワード・ヘイクラフトが、ミステリ評論の古典である『娯楽としての殺人—探偵小説・成長とその時代』(国書刊行会）で分析しているように、一九二〇年代にアメリカとイギリスにおいて黄金時代を迎えるに至った。付け加えれば、ヘイクラフトはこの本のなかで、「路標図書館」と称してミステリ・ベスト作品のリストを作成している。これがミステリ・ベスト作成の始まりであろう。

イギリスではアガサ・クリスティ、クロフツ、ドロシー・セイヤーズ等、アメリカではヴァン・ダイン、エラリー・クイーン等が登場し、この時代にミステリの古典的名作が集中して発表されたことになる。このミステリの黄金時代が第一次世界大戦後に出現したことに注目した笠井潔は、『探偵小説論』（東京創元社）のなかでその理由について、世界戦争がもたらした大量死に対して、固有の死、栄光ある死、名前のある死を与えようとする小説形成の誕生であり、この時代の探偵小説もまたロスト・ジェネレーションの文学ではないかと指摘している。この問題に深く立ちいることはできないが、確かにここで取りあげようとするヴァン・ダインも、自伝『半円を描く』で、戦争によって、「それまで信じて、そのために働いてきた、いっさいのものが、たちまちにしてくずれ去るように感じられた」と書いている。しかしここでは、ヴァン・ダインが探偵小説を書き出した経緯とそのためになされた読書について考えてみたい。

ヴァン・ダインは、美術批評家として知られていたウィラード・ハンティントン・ライトのペンネームであり、ヴァン・ダインの筆名で一九二六年の『ベンスン殺人事件』（創元推理文庫）から始まる十二編の探偵小説を書いた。ヴァン・ダインの出現について、ヘイクラフトは「一夜にしてアメリカ探偵小説は成年に達した」と記している。ヴァン・ダインにあって特徴的なのは

『ベンスン殺人事件』の創作以前に、戦争による病で臥していた病院のベッドで、過去七十五年間に出版された二千冊のミステリを収集して読破していたことにある。したがってヴァン・ダインは当時のすべてのミステリを読んでいたと想像できる。その読書記録は「推理小説論」（『ウインター殺人事件』、創元推理文庫）のなかにうかがえるし、推理小説理論として「推理小説作法の二十則」（同前）すらも提出している。そうした意味で、ボアロー＝ナルスジャックが『推理小説論』（紀伊國屋書店）でいっているように、「ヴァン・ダインは作家というよりは推理文学の教授である」。このヴァン・ダインを教授に、その作品をテキストとして日本のミステリも始まっていることは明白である。江戸川乱歩が実作者であり、また『幻影城』（講談社）にみられるような収集家、研究者であるという事実は、まちがいなくヴァン・ダインを模範としているのではないだろうか。

しかし当然のことながら、ミステリだけを読むことによって、探偵ファイロ・ヴァンスの世界が構築されたわけではない。おそらくミステリの読破と同時に膨大な周辺文献が収集され、読まれたと考えていい。それが何であったかは、シリーズ中で『僧正殺人事件』（創元推理文庫）と並んで最も傑作とされている二八年の『グリーン家殺人事件』（創元推理文庫）の図書室の書棚の場面に表出しているように思われる。

グリーン家の亡くなった当主の図書室には、犯罪のあらゆる分野とその関連文献が網羅されている。「これらの書物があつかっている主題は、犯罪学のせまい範囲の解説にとどまらなかった。

犯罪に関連したあらゆる枝葉の部門の書物が集められていた。精神異常と痴呆症、社会病理学と犯罪病理学、自殺、貧困と博愛事業、刑務所制度改革、売春と阿片中毒、死刑、変態心理学、法典類、暗黒社会の隠語と符牒の書き方、毒物学、警察の捜査法などが、それぞれ独立した部門になっていた」。

そして、丁寧にもヴァン・ダインは　この部分に原註をつけ、これらの書物の代表的な著者と書名を掲載している。それらは本文に記述されているように、英語、フランス語、ドイツ話、イタリア語、ラテン語等の書物であり、六十二冊に及んでいる。紙幅があれば、それらの著者と書名を全部引用したい誘惑にかられる。興味のある読者はぜひ参照してほしいと思う。なぜならばこれらの書物は黒死館の図書室の書物と異なり、すべてが実在のものであり、ヴァン・ダインが実際に収集し、読んだと考えられるからである。『グリーン家殺人事件』で、ファイロ・ヴァンスは「疲れを知らぬ勉強家だった。精神はつねに知識欲に燃えており、多くの時間を人種学や心理学に費やしていた」と説明されている。ファイロ・ヴァンスとはヴァン・ダインにほかならない。

ファイロ・ヴァンスシリーズ十二作は、一九世紀末からの様々な文化的コードの色彩によって成立している。進化論と優生学、精神病理学と犯罪心理学、都市文明と社会学、近代法律体系による監視と処罰の思想が流れこんだ世紀末から第一次大戦後にかけての固有の歪みの世界でもある。それをグリーン家の図書室の風景のなかに見いだすことができる。

38 『嘔吐』と図書館

一九三八年に発表されたサルトルの『嘔吐』（人文書院）は、カミュの『異邦人』とならんで、二〇世紀後半の日本で最も読まれたフランスの現代小説であろう。この『嘔吐』という邦訳名は、篠沢秀夫が『篠沢フランス文学講義』（V、大修館書店）で指摘しているように、主人公ロカンタンを含めて登場人物たちは一度も吐いていないわけであるから、『吐き気』とする方が正しいと思われる。しかしここでは、邦訳名を使用する。

『嘔吐』は、数年間にわたる外国旅行をしてきた、年金生活者で独身のアントワーヌ・ロカンタンの港町ブーヴィルでの一九三二年一月から二月にかけての日記という体裁をとっている。ロカンタンは、浜辺で小石をつかんだ時、原因不明の吐き気を感じる。それ以来、吐き気はキャフェにいても、図書館にいても、また情事の最中にも襲ってくる。そして公園のマロニエの木の根を眺めるうちに、吐き気の原因を知る。物が偶然に存在していて、自分が余計な存在であること、その不条理が吐き気となって表出するのである。しかしその吐き気は、古いアメリカのジャズボーカルのレコード「Some of these days」を聴くと消える。最後の場面で、ロカンタンはブーヴィルの町を去ることを決心し、もう一度この歌を聴きながら、存在を洗い清める一冊の書物、一冊の小説を書こうと考える。

この『嘔吐』は、第一次世界大戦後のヨーロッパの秩序の崩壊を描いた小説として、すでに古典となり、様々に論じられてきた。ハイデガーの哲学とフッサールの現象学を背景にして書かれた哲学と小説の婚姻、アンチ・ロマンの先駆け、ヴァレリーの『テスト氏』（福武文庫）やリルケの『マルテの手記』（新潮文庫）との関係、アメリカ文学や推理小説や映画の影響、プルーストの『失われた時を求めて』（新潮社）との相似等々……。

しかし、ここでは『嘔吐』を図書館、そして読むことと書くことを中心にして考えてみよう。この小説の主な舞台は図書館であり、『嘔吐』は図書館小説とよんでもいいのである。ロカンタンのブーヴィルでの生活は、ホテルとキャフェと図書館によって成立している。日付のある日記の最初の朝から図書館が登場する。毎日、ロカンタンは九時から一時まで図書館で読むことと書くことを続けている。ロカンタンは一八世紀から一九世紀にかけての陰謀家ロルボン侯爵の伝記を書こうとしていて、ブーヴィル図書館には彼に関する資料文献が収蔵されている。

ロカンタンが読むのは、ロルボン侯爵の資料ばかりでなく、吐き気の襲来と並行して、バルザックやスタンダールの小説にも手を出すようになり、次第にロルボンの伝記が書けなくなる。「ド・ロルボン氏は私の協力者だった。彼は存在するために私が必要だった。私は自分の存在を感じさせないために彼が必要だった」。ところが吐き気によって、ロカンタンの存在が露わになっていき、書くことが不可能になる。ある日の日記、「記すことなし。存在した」。著者をアルファベット順に読んでいる図書館のヒューマニストである独学者との虚しい会話と猛烈な吐き気。プーヴィルを去る日が来た。「午後二時ごろ、私は図書館へでかけた。私は考えた。『図書館。ここへ入るのもこれが最後だ』と」。独学者もまた館内での男色行為によって、図書館を追放される。このように、『嘔吐』は図書館から始まり、図書館で終わるのである。

図書館を舞台とした、読むことと書くことの物語としての『嘔吐』。サルトルは一九六四年に自伝『言葉』を刊行し、それは「読むこと」と「書くこと」の二部から構成されている。「読むこと」の章では、祖父の書斎でのフランス、ドイツの古典的名著、ラルースの大百科辞典が語られる。「本が私の鳥であり、巣であり、家畜であり、牛小屋であり、私の田園だった」、あるいは「本の中へ、人生と狂気に会いに行った」。そして児童文学、冒険小説、推理小説との出会い。サルトルは本に埋もれて成長する。『言葉』のなかの母子の会話。「いまからそんな本を読んだりしたら、大きくなったらなにをするんでしょうね?」「本の通りに生きるのさ」。

そのように、サルトルは「読むこと」から「書くこと」に向かう。「一行たりとて書かざりし日なし」というプリニウスの日常へと。その卓抜なサルトル論で、A・ボスケッティがいっているように、サルトルは「書くために生き、読むことによって書くことを学ぶべく教育された少年」(『知識人の覇権』、新評論)であった。

それならば、『嘔吐』のロカンタンの図書館での「読むこと」と「書くこと」への断念は何を意味しているのか。それは少年時代の図書館との訣別を告げているのではないか。少年時代の図書館に訣れを告げ、実存と参加へと向かうのである。それゆえにこそ、少年時代の図書館にまどろみ続けたボードレール、フローベールが批判の対象となる。長大なフローベール論『家の馬鹿息子』（人文書院）もまた、「読むこと」から始まるのである。

39　小学校と図書室

私は昭和二〇年から二七年にかけての、戦後の占領期に生まれた世代に属している。占領下に生まれた子供たちは二千万人と推定され、私たちは昭和三〇年代に小学生時代をすごした。占領に続く高度成長期から私たちの少年時代が始まっていることになる。しかしそれが何であったのかは、私たち、占領下に生まれた世代によって十全に検証されているとはいえない。だが現在の日本社会を問うならば、かならず敗戦と占領に行き着く。そして占領下に生まれた世代によって、その意味が問われなければならない時代に入ったように思われる。本との出会いや読書の体験もまた、占領の影響下にあったのではないだろうか。

私の記憶によれば、昭和三〇年代の小学校の図書室は、現在とは異なり、とても充実していた印象がある。これは私だけの印象ではなく、同世代に共通している記憶であると思う。この時代に、私たちは小学校の図書室で大量の児童文学と出会った。それはことごとく新しく、戦後出版されたものであり、多くの翻訳書が含まれていた。アーサー・ランサムもケストナーもロフティングのドリトル先生も、小学校の図書室の書棚に置かれ、それらの読書をきっかけにして、私たちは後年、外国文学へと向かうことになったのだ。

当時、その背景に何があったのかまったく知らなかったが、現在ではそれをようやく説明できる。昭和二二年に教育基本法と学校教育法が公布される。それに伴い、小中高校に図書室の設置が促され、二五年に全国学校図書館協議会が創立、二八年に学校図書館法が成立する。かくして、すべての学校に図書室が設置されることになった。これらはいうまでもなく、占領による民主主義教育政策として制定されたのである。『日本児童図書出版協会四十年史』によれば、学校図書館法の成立で学校図書館予算として七十五億円が計上されることになり、多くの児童書出版社が簇出する。現在の主な児童書出版社もまた戦後に創業している。

昭和二一年　学習研究社、小峰書店、ひかりのくに、文研出版
昭和二二年　ポプラ社、理論社
昭和二三年　秋田書店
昭和二四年　あかね書房

昭和二七年　福音館書店

これらの児童書出版社の創業と並行して、昭和二一年に日本児童文学者協会、二八年に日本児童図書出版協会が設立される。占領下に生まれた子どもたちが、占領によって平和と民生主義の生徒として出現し、出版業界はその二千万人を新しい児童文学の読者として発見するのである。戦前の少国民に代わって、その膨大な読者の出現は、昭和二〇年代後半から三〇年代前半にかけて、無数のシリーズ物の企画となって表われ、いうなれば、児童文学の円本時代を迎える。そのなかから、主なものを列挙してみる。

昭和二六年　『岩波少年文庫』（岩波書店）／『世界絵文庫』（あかね書房）
昭和二八年　『日本児童文学全集』（河出書房）／『世界少年少女文学全集』（東京創元社）／『学校図書館文庫』（牧書店）
昭和三〇年　『日本文学名作全集』（偕成社）
昭和三一年　『日本少年少女文学全集』（河出書房）
昭和三二年　『新日本少年少女文学全集』（ポプラ社）
昭和三三年　『少年少女世界文学全集』（講談社）／『世界児童文学全集』（あかね書房）
昭和三四年　『世界童話文学全集』（講談社）

昭和三五年　『少年少女世界名作文学全集』（小学館）／『岩波少年少女文学全集』（岩波書店）
（『日本出版百年史年表』より抽出）

このように、学校図書館法の制定によって、その成立予算を当てにして、全集やシリーズ物が続々と出版され、それらが小学校の図書室へと流れこんでいった。私たちは貧しく、それらの全集を買う余裕もなかったし、現実に所有している生徒はまわりにはいなかった。したがって、私たちは本との出会いを求めるならば小学校の図書室へと向かうしかなかったのである。昭和二五年に創刊された岩波少年文庫の「発刊に際して」に、「この文庫が都市はもちろん、農村の隅々にまで普及する日が来るならば、それは、ただ私たちだけの喜びではないであろう」と記されているが、三〇年代に私のいた農村の小学校の図書室にも、発見することができたのであるから、その意図は実現されたといいえよう。

これらの児童文学の大量生産の功罪は今は問わないことにしよう。こうした出版物の背景の事情も知らなかったけれども、私たちはとにかく小学校の図書室でこれらの書物にふれ、読んでしまったという事実を確認しておこう。日本や外国の児童文学を多読したのち、私は創作児童文学というものがあることを知った。それは、図書室ではなく商店街の小さな書店の店頭においてだった。私は初めて創作児童文学を買った。その本は昭和三六年に理論社から刊行された、砂田弘の『東京のサンタクロース』だった。

40　写真のなかの文学館

金銭的余裕と時間が自由にとれるようになったら、全国の図書館や文学館を訪ねてみたい。そのついでに、それぞれの地方の古本屋に寄って、その棚をゆっくりみてみたい。そんな想いにかられたのは、次のような図書館紀行を読んだからだ。著者たちはいずれも図書館人ではない。榊原浩『文学館探索』（新潮社）、海野弘『日本図書館紀行』（マガジンハウス）、小田切進『文庫へのみち』（東京新聞出版局）、河北新報社編集局学芸部編『東北の文庫と稀覯本』（無明舎出版）、紀田順一郎『図書館が面白い』（ちくま文庫）。

これらの本によって、私は未知の多くの図書館や文学館や文庫の存在を教えられた。そしてそれらの設立や運営に対して、無償の情熱を注いだ多くの人々がいたことを知った。戦前ばかりでなく、戦後もまた書物と図書館を愛する人々が存在することで、図書館の歴史は織りなされたにちがいない。だが図書館の正史である『近代日本図書館の歩み』（日本図書館協会）はそれらについてほとんど語っていない。同様に、図書館人たちの手になる『東京都の図書館』や『神奈川県の図書館』（いずれも東京堂出版）からも、図書館の肉声は聞こえてこない。

図書館人でない著者たちによって書かれたこれらの図書館紀行が読んでいで楽しいのは、彼らが書物と図書館のデータや情報だけでなく、明確にそれぞれ図書館のイメージを伝えようとしているからのように思える。それは紀田順一郎の『図書館が面白い』の「あとがき」の次のような文章によく表われている。

「はじめての町や村を歩いていると、ふと図書館を見かけることがある。そんなとき、私はためらうことなく中に入ってみることにしている。／書棚の前に立って並んだ一冊一冊の本に見入ったり、工夫をこらした設計などを観察しているうちに、その地域の人たちの日々の暮らしぶり、思い、未来への願いといったものが浮かびあがってくるのを覚える」。

心温まる、微笑ましい一節ではないだろうか。実は私も旅先でいつも紀田順一郎と同じ行為をしているのである。

しかしこれらの優れた図書館紀行に不満を覚えたことも事実である。それは著者たちと異なり、出かけていってすべてをみることはできないのであるから、ヴィジュアルに図書館や書棚の風景を伝えてくれればという願いでもあった。具体的にいえば、四六判でなくA五判くらいのサイズで、図書館や書棚の風景の写真を多く収録すれば、さらに楽しめるのにと考えたのである。最近になって、図書館ではなく文学館であるが、ようやくそうした本が出版された。小松健一の『作家の風景―文学館をめぐる』（Ⅰ・Ⅱ、白石書店）と題された文学館の写真集である。この二冊は、北は伊藤整や小林多喜二の小樽文学館から、南は夏目漱石の熊本の内坪井旧居まで、さらにイギリスの倫敦漱石記念館を加えた二六の文学館を訪ね、その写真ばかりでなく、作家たちの郷土や暮らした土地の風景をカメラに収めている。そして、小松健一は写真家であるだけではなく、歌人でもあり、それぞれの文学館紀行の文章のなかで、作家たちの作品やエピソードを取りあげ、自らの短歌を詠んだりもしている。したがって、『作家の風景―文学館をめぐる』は、文学館と作家たちを生み出した郷土の風景と簡潔な作家論、作品論という三つの奥行をもった楽しい写真集となっており、机上の文学館探訪にはうってつけの本でもある。

最初にあげた図書館紀行やこの写真による文学館紀行を読みながら、図書館や文学館や文庫に関する総合的な本をどこかで企画してくれないかと思った。たとえば、日本古書通信社が出している『全国古本屋地図』の図書館版はできないものだろうか。旅先に持っていけるように、ハンディで、それぞれの蔵書の特色を掲載した「全国図書館地図」。『全国古本屋地図』は全国の二千七百の古本屋を収録しているわけであるし、日本の公共図書館は二千六百とされているから、同じ容量で編集できると思われる。そしてさらにいえば、ヴィジュアルに図書館とその蔵書風景を収録したシリーズも作ってほしい。そのモデルとして、一九七〇年代末から八〇年代前半にかけて講談社から刊行された「日本の博物館」「世界の博物館」というシリーズがある。文学通り、博物館とその収蔵、展示物を豊富な写真で紹介したもので、特に後者の「世界の博物館」は、一巻ずつ外国の博物館にあてられていて、未知の博物館ワールドを体験させてくれる構成となっている。別巻は『世界の博物館事典』であり、この一冊だけで様々な世界の博物館を検索できる好企画であった。この企画にならって、「日本の図書館」「世界の図書館」というシリーズの刊行を望みたい。シリーズで無理だというのなら、「日本の図書館」「世界の図書館」のそれぞれの一冊本でもいい。そのことによって、図書館の情報公開が進み、知らずにいた文献資料の在処や活用が促されることになるだろう。

41　不思議図書館と幻想図書館の司書

昭和十年十二月十日に
ぼくは不完全な死体として生まれ
何十年かかゝって
完全な死体となるのである。
（中略）
子供の頃、ぼくは
汽車の口真似が上手かった
ぼくは

世界の涯てが
自分自身の夢のなかにしかないことを
知っていたのだ

この「懐かしのわが家」（『墓場まで何マイル？』、角川春樹事務所）という詩を遺稿として、寺山修司は昭和五八年五月、肝硬変で死んだ。四十七歳の早すぎる死であり、生前に刊行した著作は二百八十冊余にのぼる。歌人として出発し、評論、小説、映画、演劇とあらゆる分野を横断した寺山修司の生涯とその著作は、無数の書物からの引用とコラージュから形成されている。

寺山修司もまた、昭和一〇年生まれの大江健三郎や大藪春彦と同様、昭和二〇年代から三〇年代にかけての敗戦と占領から高度成長期の時代に、特有に出現してしまった文学少年たちのひとりであった。大江健三郎や大藪春彦の図書館との出会いについては別項でふれたが、寺山修司の場合はどうであったのだろうか。昭和三三年に出版された第一歌集『空には本』（『寺山修司青春歌集』、角川文庫）のなかに、寺山修司論でもまったく引用されることのない、次のような一首がある。

木菟の声きこゆる小さき図書館に耳きよらなる少年を待つ

短歌をつくることは「私」の超克であり、自分が経験していないことを短歌にするという寺山修司の言葉に従うならば、他の短歌同様「木菟《みみずく》の声きこゆる小さき図書館」が実在していたとは考えられない。晩年のインタビューで、学校の図書館から山口誓子や西東三鬼を借りて読み、俳句や短歌をつくり始めたと述べている。しかし、死後次々と出版されることになった田澤拓也の『虚人 寺山修司伝』（文藝春秋）をはじめとする評伝、回想記を読んでも、寺山修司と図書館の風景は浮かんでこない。むしろ『虚人 寺山修司伝』によれば、寺山修司の高校での図書館通いは読書ではなく、新聞や雑誌に投稿した自分の俳句や短歌が掲載されているかどうか、チェックするためであったとされている。

記憶や場所の収集家であると同時に、書物からの引用魔であった寺山修司は、上京後も図書館を利用した痕跡がない。他人が選び収集した書物ではなく、自分が選び収集して図書館を創っていく、それが寺山修司の書物に対する思想であったように思える。それは次のような言葉に象徴されている。「ベストセラーの読者になるよりも、一通の手紙の読者になることの方が、ずっとしあわせなのだ」（『青蛾館』、角川文庫）。事実、寺山修司追悼号として刊行された『寺山修司』（『現代詩手帖』一九八三・一一臨時増刊）所収の、荒木経惟の撮影した「（寺山修司）周辺アルバム」は、生前に寺山修司がよく利用していた様々な店や場所の風景を収録していて、渋谷の放文社や旭屋書店の写真が掲載されている。放文社は寺山修司の「もうひとつの書斎」であり、旭屋書店には食事の回数と同じだけ出かけていた。寺山修司にとって、書店こそが街頭の図書館であった。

しかし、ボルヘスの愛読者であった寺山修司が、図書館といったテーマに無関心であったとは思われない。図書館に関する文章は残していないが、PHP研究所から晩年に『不思議図書館』『幻想図書館』というエッセイ集を二冊出版している。「本は、あらかじめ在るのではなく、読者の読む行為によって〈成らしめられる〉無名の形態に他ならない」(『幻想図書館』)のであり、「古本屋の片隅で見つけた、不思議な本の数々を紹介しながら、私の考え方を整理してみよう」(『不思議図書館』)として、寺山修司はこの二冊を書いている。そして自ら、不思議図書館、幻想図書館の司書を名のっている。

『不思議図書館』では、大道芸、フリークス、ロボット、巨人、推理小説、SF、賭博、殺人、だまし絵、幻想料理、サディズム、マゾヒズム、ドラゴン、吸血鬼、シャンソン、ポオ、日本の戦前の少女雑誌、ナイフ、『幻想図書館』では、髪、蛙、ハーレム、畸型、黒人、娼婦、ベッド、靴、推理小説のなかの女性、鳥、マゾヒズム映画、戦前の猟奇雑誌、蒐集、拷問、狼男、女学生叛乱のコミックに関する本や雑誌が次々と紹介され、それらがそのまま寺山ワールドの解説になっている。そして寺山修司の図書館となるのである。これらの本や雑誌を考えると、寺山修司が図書館を利用しなかったことがよくわかるような気がする。図書館には寺山修司が求める「不思議」や「幻想」が存在していないのだ。また「『本』は、物であるより、事であるべきだ」(『不思議図書館』)の思想も不在なのだ。この二冊を刊行した後の、昭和五八年五月に寺山修司は死んだ。次のような句を残して。

父ありき書物のなかに春を閉じ

42 図書館で書かれた小説

一九八〇年代になると、占領期を終えた高度成長の時代に誕生した子供たちによって、新しい文学が書かれ始める。八〇年代の日本は高度資本主義消費社会へと離陸し、明治以来の近代が終焉する現代への転換期でもあり、また同時にバブル経済へと突入していく時代でもあった。そうした社会を背景にして生まれてくる文学は、必然的に近代文学ではなく、現代文学として姿を現わす。なぜならば、そうした現代文学の担い手たちは、モノが溢れ始めた、高度成長期の豊かな時代に誕生し、そして消費社会の真っ只中に青春をすごすという日本史上初めての世代に属する。それゆえに彼らは生産社会のモダンではなく、消費社会のコンテンポラリイを描くのである。私たちはその現代文学を、八〇年代に登場してきた田中康夫、島田雅彦、山田詠美に見いだすことができる。

ここでは、その現代文学の始まりとも考えられる田中康夫の『なんとなく、クリスタル』（河出書房新社）にふれてみることにする。八〇年に文芸賞を受賞したこの小説は、ミリオンセラーを記録し、クリスタル族の出現という一大ブームを捲き起こした。都心のマンションで、大学生のバンドリーダーと共棲し、アルバイトでモデルをしている女子大生の生活を描き、ブランド名を主とする夥しい註によって補足された『なんとなく、クリスタル』のストーリーは、次のような文章に要約することができる。

「淳一と私は、なにも悩みなんてなく暮らしている。／なんとなく気分のよいものを、買ったり、着たり、食べたりする。そして、なんとなく気分のよい音楽を聴いて、なんとなく気分のよいところへ散歩に行ったり、遊びに行ったりする。／二人が一緒になると、なんとなく気分のいい、クリスタルな生き方ができそうだった」。

ミリオンセラーになったにもかかわらず、この小説が不幸であったのは、こうした文章が読者に表面通りに読まれてしまったからのように思える。そして現代文学のよそおいをとっているが、これが「当世書生気質」であり、「道行小説」であることに気づいた読者は少なかった。さらに田中康夫がこの小説を、豊かな日本の八〇年代の消費社会の出自と行方を透視して書き上げていたことに注意が払われることはなかった。しかし、「こんなにも豊かな、というか、バニティな生活って、いつまでも続くわけない」（『ぼくたちの時代』、太田出版）という認識のもとに書かれていたのである。そのことによって、『なんとなく、クリスタル』はバブル経済の到来と崩壊を予告していた。

それは『なんとなく、クリスタル』が一橋大学の図書館で書かれたことと関係しているのではないだろうか。河出文庫の「著者ノート」に、「午前中は、国際関係論やマーケティングの本を、午後は、経済や広告関係の専門雑誌のバック・ナンバーや、小説を、図書館の書庫から引っ張り出してきて読んだ」生活のなかで、「八〇年代の東京に生きる大学生を主人公にした小説を、無性に書いてみたくなった」と記している。田中康夫が読んでいた国際関係論の本とはゼミで選択した日本外交史に関するものであり、マーケティングの本は様々な戦後日本社会の統計やデータを含んだものであったように思われる。そしてそれらの読書は確実に、『なんとなく、クリスタル』の世界に表出している。

八〇年代の豊かな消費社会はどのようにして存立しているのか。田中康夫は物語の展開と関連しない次のような一節を挿入している。「ちょうど、一台のカーキ色をしたトラックが、走りすぎていく」。そして註に「横浜には、米軍基地があります」と記す。この部分は日米安保条約による米軍基地の存在によって、日本の豊かな消費社会が可能になっていることを告げている。さらに主人公、私の告白。「淳一というコントローラーの下に、私は所属することになってしまった」。この主人公の告白こそは、八〇年代の日本における淳一＝アメリカと私＝日本の関係のメタファーのように思える。

八〇年代の豊かな消費社会はどこに向かおうとしているのか。これもまた、物語とはまったく関係しないような統計データを、田中康夫は末尾に掲載している。それらは合計特殊出生率と六十五歳以上の老年人口比率のデータであり、日本の将来が、少子化社会と高齢化社会にシフトしていかざるをえないことを示唆している。明治以来の日本の近代の歩みとは、何よりも人口増加とそれに伴う若年労働層の絶えざる供給にあった。そのことによって、インフレーションが起こり、モノの氾濫が支えられ、八〇年代の豊かな消費社会が到来したのだ。しかしそれもまた少子化と高齢化によって終わりを告げようとしている。

しかし、『なんとなく、クリスタル』はそのように読まれず、消費社会とブランド礼讃の小説として誤読された。二作目の『ブリリアントな午後』(河出書房新社)もまた、小説として前作をはるかに凌ぐ達成をみせたにもかかわらず、論じられることもなく、現代文学のエアポケットのような作品のままとなっている。したがって、作家としての田中康夫は不幸であったといわざるをえない。

43　古書目録と図書館

明治初年の出版業界は、江戸時代から続く書林組合によって形成されていた。そうした書林組合の活動について、『東京古書組合五十年史』（東京都古書籍商業協同組合）は次のように述べている。「書林組合仲間は、単に出版だけの仲間かというと、そうではなく、出版、仲間の出版の取次、小売、古書の取扱いも行なっていたのである。現代の機構からいうと、出版業、取次業、新刊小売、古書売買の四つを兼ねていたことになる」。これに付け加えるならば、福沢諭吉に代表されるように、著者もまた兼業であり、明治の始まりにあっては、著者、出版社、取次、書店、古本屋は分業化していなかった。

しかし、明治二〇年代になって博文館が取次の東京堂を設立して、出版社・取次・書店という近代出版流通システムを誕生させる。だがそれは村上一郎のいうように、「出版界の歴史は、地方出身者が、江戸以来の町人文化を代表する版元を追い落していった歴史」（『岩波茂雄』、砂子屋書房）の始まりでもあった。そして近代出版流通システムの成立とともに近代文学も誕生する。

明治三〇年代になると、様々に館名を変えてきた通称上野図書館が帝国図書館として開館し、府立図書館では日比谷図書館が設立される。その一方で、私立図書館である南葵文庫、大橋図書館が開館して私立図書館の時代を迎える。

明治後半からの出版社・取次、書店という近代出版流通システムの成長は、多くの出版社と書店の出現を促し、書店数は明治末の三千店から大正末には九千店に増加した。また同時期に、新潮社、講談社、岩波書店、平凡社、主婦の友社、小学館、文藝春秋といった現在の大手出版社も創業している。明治初年の出版社、取次、書店という兼業がそれぞれ分業化されていき、当然のことながら、古書売買も大正時代に特化し、専門化していく。大正五年に、古書籍取引常設市場として東京図書倶楽部が新築され、九年に東京古書組合が設立、翌一〇年には古書即売展が定期的に開催されることになり、近代古書業界が誕生したのである。そうした古書業界とパラレルに、大正一三年には吉野作造、宮武外骨、尾佐竹猛、石井研堂らを中心にして、明治文化研究会が発足し、明治期の出版物の収集を本格的に開始する。

このように、明治二〇年代から大正期にかけての出版社・取次・書店という近代出版流通システムの成長、図書館の開館、近代古本屋の出現によって、近代読者の装置が構築される。これらの読者装置の集中する東京は読書の首都としての相貌を帯び始める。そして、永嶺重敏が『雑誌と読者の近代』(日本エディタースクール出版部)のなかで指摘しているように、読書社会、読書社界、読者社会、読書界という言葉が使われだすのである。

前置きが長くなってしまったが、ここでふれてみたいのはこの時代の古本屋と図書館の関係である。当時の図書館の蔵書形成は、出版社・取次・書店という近代出版流通システムによってではなく、古本屋との密接な取引に多くを負っていたのではないだろうか。それぞれの私立図書館は現在の公共図書館と異なり、蔵書に特色があることでそのオリジナリティを主張しようとしていたように思える。専門の司書も養成され、蔵書も特化する方向にあり、そうした志向ゆえにその蔵書の割合は古書に重きをおかざるをえない。そのために図書館と古本屋は連動して、全国各地から古書の収集を行なったと考えられる。

それを大正末から昭和の初めに刊行された古本屋の二冊の古書目録にうかがうことができる。大正一四年発行の一誠堂書店の『一誠堂古書籍目録』は菊判の八百頁近くの大冊であり、古典籍を中心にして、和漢洋のありとあらゆる分野の書物、数万冊が掲載されている。関東大震災後にこれだけの書物をよく収集したものだと驚かざるをえないし、古本屋の収集ネットワークはすでに全国に及んでいたのだろう。序文を吉野作造が書いていることから、明治文化研究会と一誠堂の関係を推察できる。昭和三年発行の巌松堂書店の『日本志篇』は四六判であるが、これもまた千四百頁近くの大冊であり、『一誠堂古書籍目録』より多く、五万冊近くを収録している。柳田国男が巻頭言を寄稿しているのは、この『日本志篇』の特色が地方史、郷土史の収集にあるからだろう。書誌学にのっとっていると思われるこの二冊の古書目録の体系性、分類からみて、これらは読者というより明らかに図書館を意識して編集されたのではないだろうか。

この二冊に収録された書物名をみていると、当時の書物の宇宙の奥深さと豊饒性を覗いている気分になる。その書物の宇宙が図書館の蔵書と通底していたにちがいない。この二冊に対して、大正一五年発行の東京書籍商組合の『図書総目録』がある。これは当時の新刊目録と考えていいと思うが、収録冊数は八千冊にみたない。つまり比較するまでもなく、質量ともに新刊目録は古書目録に敗北している。おそらく、当時の図書館は現在の本を収集するだけではなく、過去に遡って蔵書を形成しようとしていたのである。そのことによって図書館は読者を引き寄せた。新刊目録だけによって形成されている現在の公立図書館の魅力のなさとは、そうした理念を喪失してしまっているからのように思える。

44　移民の町の図書館

ウィリアム・サロイヤンの『人間喜劇』（晶文社）を読んでいると、中学生の頃テレビで放映されていたアメリカの地方の町を舞台にしたドラマの主題歌を想い出す。ドラマの題名は忘れてしまったが、終わりの場面になると、かならず次のような歌が流れた。訳詞者が誰であるかもわからないし、歌詞もうろ覚えであるがあげてみる。それとも私の勘違いで、日本のフォークソングだろうか。

いつものことのように
人は悲しみ
いつものことのように
人は涙ぐむ
どんな小さな町にも

きっとあるだろう
二人でさがす明日の幸せ
ぼくはそれをさがしにきた

サロイヤンの文学に比べいささか通俗的で、センチメンタルすぎるかもしれないが、この歌は『人間喜劇』の世界と相通じるところがある。歌も『人間喜劇』もアメリカの「小さな町」の物語なのだ。『わが名はアラム』（晶文社）に続いて、第二次世界大戦末期の一九四三年に発表されたこの『人間喜劇』は、サロイヤンの出世作であり、アメリカ西部のイサカという小さな町を背景にしたマコーレイ一家を中心とする小説である。マコーレイ一家の父はすでに病気でなくなり、母は夏の間、缶詰工場で働いている。子供は四人いて、長男のマーカスは戦争にいき、姉は州立大学の学生、次男のホーマーはハイスクールの生徒であり、末っ子のユリシーズはまだ幼い。しかしマコーレイ一家はいつも明るくて、温かい、「立派な、貧しい家庭」である。次男で十四歳のホーマーは電報局で電報配達の夜間アルバイトをしている。このマコーレイ一家の人々の様々な視点から、イサカという小さな町の地図と風景が描かれていく。ホーマーとユリシーズという名前から推定できるように、この町は神話的空間として成立している。

ユリシーズのみつめる汽車と鉄道、ホーマーがアルバイトをしている電報局とそこに勤務する人々と訪れる人々の物語、ホーマーの通学しているハイスクール、マコーレイ家で母と姉がピアノで弾く歌、教会、映画館、図書館、どこにでもあるようなアメリカの小さな町の風物詩の数々。そして淡々と流れていく時間。それらによって『人間喜劇』の物語は構成されている。しかし、この物語には常に死者や死の影がまとわりつく。戦死を告げる電報、死んだ父の幻影、ポップコーン売りの老人の死、老電信士の急死、そして最後に長男マーカスの戦死の知らせが届く。マーカスの代わりに戦友のトビイが訪ねてくる。母はトビイを自分の息子が帰還したように、「あかるいわが家」へ迎え入れる。

この『人間喜劇』のマコーレイ家は、サロイヤンの一族がモデルとなっていて、イサカはサロイヤンの生まれた町、カリフォルニア州のフレズノである。アルメニア系移民を両親として、『人間喜劇』のマコーレイ家のホーマーと同様にフレズノで成長した。ハイスクールを中退して新聞の売り子、電報配達夫、葡萄園労働者として働きながら、図書館に通い、むさぼるように文学書を読んだ。その情景は短編「弱りきったものを救い出す」(『サローヤン短篇集』、新潮文庫)のなかに描かれている。そうしたサロイヤンの経験からして、『人間喜劇』にも「図書館で」という一章が設けられているのは、当然なのであるが、そこでの図書館の本は読まれるものとしてではなく、眺めるものとしてである。

ユリシーズと六歳上の友達のライオネルの二人は図書館に出かけていく。「ライオネルは本は読まないし、自分で本を借りるために図書館に来たことはなかった。彼はただ本を眺めるのが好きなのである。――何千という本を見ているのが好きなのだ」。ユリシーズは幼くて、ライオネルはおそらく知的障害で、二人とも字が読めない。しかし図書館の本のなかには、知恵や宝物、神秘と冒険がつまっていることを知っている。だから「本を眺める」ために図書館にやって来るのである。

二〇世紀になって、アメリカのカリフォルニアには多くの移民がやって来た。サロイヤンの両親がアルメニアから移民してきたように、南ヨーロッパ、東ヨーロッパ、南米、そして日本からさえ。「冬の葡萄園労務者たち」(『サローヤン短篇集』)には日本人も登場している。その中心がフレズノであり、そのメルティング・ポット的風景は『人間喜劇』の公園でのピクニックの場面に描写されている。

したがって、英語を読むことのできない移民が数多くいたにちがいない。『人間喜劇』のなかで、ホーマーがメキシコ人の女性に電報を届けにいく。その電報は彼女の息子の戦死の通知なのである。しかし彼女は英語を読むことができず、ホーマーに代読を頼む。英語が読めなくても、電報のなかに死があることを知っているように、図書館の本に知恵や宝物、神秘と冒険がつまっていることをわかっていて、図書館に「本を眺める」ために訪れていた移民たちが、サロイヤンの周囲にきっといたのだろう。ユリシーズとライオネルは、そうした彼らのメタファーだと思われる。『人間喜劇』は母に捧げられているが、サロイヤンの母もまた英語を読むことができないようで、著者はアルメニア語に誰かが翻訳してくれれば、愛読できるのにと記している。ここにもひとり、「本を眺める」人がいる。

45　ホラー小説と図書館

スティーヴン・キングが日本に紹介され始めたのは、一九七〇年代の後半であり、『キャリー』(新潮社)、『呪われた町』(集英社)、『シャイニング』(パシフィカ)と続けて出版された。原書の刊行とほとんどタイム・ラグなく翻訳されたこれらの小説は、アメリカではベストセラーになり、映画化されていたのにもかかわらず、日本では評判になることなく、初版のままで品切となったらしい。私が最初に読んだのは『呪われた町』であり、続いて『キャリー』と『シャイニング』を読もうとしたが、すでに品切で古本屋を回って探したことを記憶している。それは八〇年頃だったと思う。この三冊を読了した後、しばらくして村上春樹の「疲弊の中の恐怖―スティフン・キング」(『海』八一・七)と題された、おそらく日本で初めてのまとまったキング論に出会った。ここで村上春樹はホラー小説家キングを同世代の作家として論じていた。村上春樹は当時、『海』で「同時代としてのアメリカ」の連載を始めていて、このキング論が第一回目のものであった。なぜか村上春樹は現在に至るまで、この連載評論を単行本に収録していない。その後、村上春樹はフィッツジェラルドやレインモンド・カーヴァーの翻訳者となるのだが、村上春樹の初期の作品に、最も大きな影響を与えているのは、スティーヴン・キングとレイモンド・チャンドラーであると断言していいだろう。

それはさておき、八〇年代前半になっても大部ということで翻訳が遅れていたという事情はあったかもしれないが、キングの翻訳出版は活発ではなく、新潮文庫から『ファイアスターター』と『クージョ』が刊行されただけであった。しかし八〇年代後半から堰を切ったように出版され始め、長編、短編集合わせて十五点に及び、八八年には奥澤成樹による研究書『コンプリートスティーヴン・キング』（白夜書房）の出版や『ユリイカ』（九〇・一一）でキングの特集が編まれた。このように日本におけるキングの翻訳史をみると、キングのホラー小説は七〇年代にはさほど読まれていなかったが、八〇年代後半から急速に読者を獲得していったことになる。

その理由として、八〇年代に日本が郊外社会へと変貌したことをあげることができる。七〇年代に大都市近郊に誕生した郊外は、八〇年代の過程で、全国至るところに波及していった。郊外人口の増加と連動して、郊外店を猛烈な勢いで展開したロードサイドビジネスの増殖は、またたく間に均一的、画一的な郊外消費社会の風景を出現させた。郊外のテーマパーク、東京ディズニーランドの開園も八〇年代である。日本の八〇年代はアメリカ的郊外消費社会の風景に覆われ始めたのである。スティーヴン・キングが一貫して描いてきたのは、アメリカの郊外消費社会がもたらす悪夢であり、郊外の家族や家庭に忍び寄る不安や罅《ひび》なのだ。一九五〇年代のアメリカの郊外はSF小説を開花させ、四七年生まれのキングは六〇年代にそれらのSF小説をむさぼるように読んだ。しかし、キングが小説を書き出したベトナム戦争後の七〇年代のアメリカの郊外は、ファンタジー的なSF小説を産出する場所ではなくなっていた。その代わりに郊外消費社会の照り返しとでもいえる悪夢が孕まれている無気味な空間として姿を現わす。その悪夢はアメリカ郊外に共通のものだ。そうした悪夢を主題としたキングのホラー小説が、自らいうように「プロットつきのシアーズ通信販売カタログ」と化して、郊外の消費財と同様に大量に生産されることになった。そのキングのホラー小説が大量に受容されることになった八〇年代の日本もまた、アメリカと同じ悪夢を孕んだ郊外社会となり、犯罪や事件も郊外へとシフトしていく。キングの受容と八〇年代の郊外消費社会の成立を背景にして、九〇年代になると日本のホラー小説が出現するのである。

キングの小説において、郊外のあらゆる場所から悪夢が紡ぎ出される。それは図書館も例外ではない。九〇年に発表された『図書館警察』(文藝春秋)がそれである。キングは前書きの「『図書館警察』に関するノート」で、「子どものころの自分が図書館を愛していた」し、「わたしのように比較的貧乏だった子どもが読みたい本を一冊のこらず手にできる場所は、図書館しかなかった」と述べている。しかし息子と朝食をとっている時、息子がふともらした「図書館警察」という言葉から、子供の頃、図書館の閲覧室の暗がりや司書の叱責や図書館警察を恐れていたことをキングは思い出すのである。その記憶をもとにして、キングは『図書館警察』を書いたのである。様々な英語の辞書を繰ってみたが、「図書館警察《ザ・ライブラリー・ポリスマン》」という用語はみつけることができなかった。

「返却を遅らせると図書館警察が来るよ」、そんな言葉がアメリカでは図書館伝説として今でも伝えられているのだろうか。
『図書館警察』のなかの図書館には、奇怪でぞっとするような図書館警察のポスターが貼られていて、次のようなメッセージが書かれている。

図書館警察の厄介になるべからず！
よい子は本の返却日をかならず守りましょう！

このポスターに誘われて、記者は図書館の悪夢を体験することになる。キングお馴染みのノンストップホラーの世界。『図書館警察』には献辞があり、「パサデナ公立図書館の職員、およびその利用各位にささげ」られている。『図書館警察』のほかに、図書館にささげられている本はあるだろうか。

46　実用書と図書館

出版物に実用書という分野がある。実用書は文学通り日常生活に直接役立つことを目的として出版される本であり、それらを専門に発行している版元は実用書出版社とよばれている。具体的にいえば、金園社、高橋書店、池田書店、大泉書店、有紀書房、新星出版社等である。これらの出版社から刊行されている実用書はロングセラーとして着実に版を重ねているものも多いが、文学作品や人文社会書と異なり、書評の対象になることはない。そのため、出版業界において実用書の出版社と著者は話題になる機会が少ない。

それればかりか、実用書の出版社は社史も出版目録も発行していないことから、実用書の出版史を追跡することが不可能になっている。唯一の手がかりは、これらの実用書出版社が加盟している全国出版物卸商業協同組合の『三十年の歩み』であるのだが、個々の出版社の刊行物についてはわずかしか記されていない。こうした実用書出版社の事情に関しては、山本夏彦の『私の岩波物語』（文藝春秋）の「赤本」という章にゆずるが、昭和四〇年代まではこれらの実用書出版社も、実用書だけでなく、様々な分野の出版物を刊行していたようなのだ。四方田犬彦は『読むことのアニマ』（筑摩書房）のなかで、昭和四二年に金園社から出版されたボードレールの『悪の華』に言及し、北上二郎という謎の訳者について書いている。実用書出版と翻訳詩集出版が共存していた時代があったのである。

数年前から、私は意識して古本屋で昭和三〇年代に実用書出版社から刊行された本を集めてきた。それらの幾つかの書名をあげてみよう。『旅へのいざない』（大泉書店）、『川の旅』（有紀書房）、『趣味娯楽芸能百科事典』（東京書院）、『標準謄写印刷の仕方』（金園社）、『古銭の集め方と鑑賞』（金園社）。これらの本のなかには、失われてしまった高度成長期以前の地方の風景写真、生活、風俗、技術、趣味がいっぱいつめこまれている。実用書は紛れもなく当時の生活の投影なのである。中野重治は『本とつきあう法』（筑摩書房）のなかで、国文学者の芳賀矢一と杉谷虎蔵の『書簡文講話及文範』（冨山房）にふれ、刑務所の官本で楽しんで読み、出所してから古本屋で買って愛読していると書いている。様々な人々の手紙のアンソロジーといえるこの本を、「そこにあるのは人生のすがただ。／ああ、学問と経験のある人が、材料を豊富にあつめ、手間をかけて、実用ということで心から親切に書いてくれた通俗の本とは何といいものだろう」と評している。手元にある『書簡文講話及文範』は、大正三年三月の一四版であり、初版は前年の一一月であるから、数ヶ月で驚くほど版を重ねていることになる。その事実は大正期が手紙の時代であったことを教えてくれる。

手紙といえば、樋口一葉が生前に出版した唯一の本は『通俗書簡文』という手紙の実用書であった。これは明治二九年に博文館から、「日用百科全書」の第一二編として出版された。『通俗書簡文』はきわめて早い時期の女性による女性のための手紙の書き方であり、大正時代に入っても版を重ねていたロングセラーであった。しかし、『通俗書簡文』は樋口一葉にとって死を早めた本でもある。和田芳恵は『一葉の日記』（講談社文芸文庫）のなかで、「一葉に、肺結核の自覚症状があらはれたのは、四月頃からであった。直接の原因は、『通俗書簡文』の書卸しなどの無理であった」と記している。だが樋口一葉は実用書の書き方をどこで学んだのであろうか。

二十四歳の短い生涯にあって、樋口一葉は生活と創作のかたわらで、図書館に通い続けていた。『一葉日記』（『全集樋口一葉』3、小学館）を読むと、師の半井《なからい》桃水の勧めによって、上野図書館に通い始めていることがわかる。『一葉日記』にはしばしば「図書館に行《ゆく》」という記述があり、その最初は明治二四年六月一〇日である。読んだ書名も書かれている。『本朝文枠』『雨夜のとし火』『五雑俎』『日本紀』『花月草紙』『太平記』『今音物語』『大和物語』等々。樋口一葉は上野図書館で、これらの古典を読んでいた。そして『通俗書簡文』の構成、書下しに影響を与えた『月次消息《つきなみせうそく》』もまた上野図書館で、同年九月二六日に目を通している。『月次消息』は、江戸中期の国学者にして歌人である鵜殿よの子が文化四年に著わした書簡文範を、江戸後期の同じく国学者、歌人の加藤千蔭が浄書して、上梓したものである。二人はいずれも賀茂真淵の門下であった。

したがって、樋口一葉の『通俗書簡文』は江戸中期の女性の書簡文範にその源流を求めることができ、その系譜は大正時代まで継承されていたことになる。そうした歴史を織りこむことによって、『通俗書簡文』は中野重治のいうように、「心から親切に書いてくれた通俗の本」として読まれ続けたのである。実用書とて粗末に扱ってはいけないことを、中野重治や樋口一葉は教えてくれる。現在の図書館で実用書はどのように読まれているだろうか。

『通俗書簡文』の内容は、森まゆみの『かしこ一葉』(筑摩書房)で丁寧に紹介され、論じられている。なお『通俗書簡文』は『樋口一葉全集』(筑摩書房)の四巻の下に収録されている。

47　図書館員の生涯を賭けた一冊

紀元前三世紀、エジプトの河口で繁栄をきわめた国際都市アレクサンドリアに、世界中の英知を収集することを目的として建設された古代最大の図書館があった。それは古代アレクサンドリア図書館であり、羊皮紙やパピルスに書かれた巻物の蔵書は五十万冊ともいわれ、その研究施設ムーゼイオンは言語学、文学、自然科学といった様々な学問の揺籃の地であった。しかし、度重なる戦乱と宗教戦争に巻きこまれ、すべてが灰燼に帰してしまった。

モスタファ・エル＝アバディの『古代アレクサンドリア図書館』(中公新書)は、その途方もない蔵書の消滅の時期について、紀元前四八年のアレクサンドリア戦後、紀元三九一年のセラペウムの破壊、そして六四二年のアラブによるエジプト征服の三つをあげている。著者は地理学者ストラボンとプルタークの記述を採用して、前四八年のアレクサンドリア戦後説を支持すると述べているが、他の二説もまったく否定されているわけではない。

古代アレクサンドリア図書館の最も貴重な蔵書が灰燼に帰すこともなく、持ち出され、現在まで秘密の場所に保管されていたことを物語の背景とするクライブ・カッスラーの海洋冒険小説『古代ローマ船の航跡をたどれ』（新潮文庫）は、紀元三九一年のセラペウムの破壊説を採用している。実際にこの小説は三九一年のセラペウムから始まっている。そして古代アレクサンドリア図書館が何であったか、具体的に述べている。登場人物のひとりであるアレクサンドリア図書館の研究者が語る。

「あの図書館は学問の輝かしい殿堂であるばかりでなく、古代世界の最たる驚異であり、全文明の膨大な収集品が集まっていた。（中略）ギリシア人、エジプト人、ローマ人の偉大な芸術と文明、ユダヤ人の聖なる著述、かつて世界に登場した最も才能豊かな人たちの知恵と知識、哲学者の尊い著作、古代のベストセラー、医薬と科学の素晴しい成果。あれは古代に獲得した文物と知識の、最も優れた保管所です」。

この図書館消滅の時期について『古代アレクサンドリア図書館』は前四八年、『古代ローマ船の航跡をたどれ』は三九一年であるが、それでは六四二年に起きたことは何か。

「エジプトが回教徒のために征服され、この時酋長オマールは寺院やその周辺を焼き払ったので、かつてアレクサンドリアを西欧の知識センターたらしめた幾千という写本がこれで一本も残らず失われることになった」。

この記述は『世界図書館年表』の一節である。『世界図書館年表』は、古代から一九七〇年にかけての、世界の図書館史の年表であり、世界各国における図書館の誕生とその推移、あるいは消滅のクロニクルであるといっていい。古代アレクサンドリア図書館も、紀元前二四六年の誕生から六四二年の消滅まで、五回にわたって登場している。この年表の特色は、同時代に世界の図書館がどのような状態にあったかを共時的に示していることにある。たとえば、一七八九年のフランス革命の年には世界の図書館で何が起きていたか。アメリカでは国務省図書館の中央館の設置、ジョン・ダブニーの貸出文庫事業の開始、フランクリンのフィラデルフィア図書館の移転と分類目録の発行。英国では寄付による無料公共図書館を設置したステーヴン・ミシェルが生まれた。フランスではすべての僧院図書館は国有財産と宣言され、革命政府による没収が始まる。王室図書館は国民図書館と改称され、また国立文書館が創立。日本では宮城県の塩竈神社の祠官が私費で文庫を設立している。

こうした図書館の動向の濃密な記述が、古代から一九七〇年まで凝縮してつめこまれた図書館史は、おそらく世界でこの一冊しかないのではあるまいか。『世界図書館年表』は、佐野捨一を編者として、一九七七年に岡山理科大学から刊行されている。B六判の索引も含めて五百頁近い大冊であり、四百字詰で数千枚に及ぶと推定できる。洋書文献のみならず、海外の図書館からも広く情報を収集していて、二十年間にわたる研究の精華である。佐野捨一は本書の「序」において、図書館史研究の目的を図書館の普遍性に求めている。佐野捨一によれば、図書館の普遍性とは「『文化社会建設』の推進母体としての『自覚』」であり、「こうした認識の下に図書館興亡の跡をたずねるならば、図書館史の底流に連綿として躍動する温かい脈搏をかすかに聴くだろう」とも述べている。

佐野捨一が岡山理科大学図書館の司書であるということ、それから本書に記された経歴以外のことについて、佐野捨一がどんな人物であるのか、私たちは知らない。しかしこのような地味で、根気のいる仕事に図書館員として、無償の情熱と人生の大半のエネルギーを注ぎこんだと思われる人がいたことは、日本図書館史に記憶されなければならない。かつて紀田順一郎は、生涯に一冊しか著作を残さなかったが、その本が群を抜いて存在感を持っていることに注目して、それらの本の誕生を追跡した『生涯を賭けた一冊』（新潮社）を著わした。私も紀田順一郎にならって、この『世界図書館年表』を「図書館員の生涯を賭けた一冊」とよびたいと思う。

48　植民地と図書館

明治二〇年代に立ち上がった出版社・取次・書店という近代出版流通システムは、大正から昭和にかけて急速に成長し、特に本や雑誌の流通インフラである取次は三百店、書店は一万店をこえた。しかし、流通の根幹である取次は、昭和一三年の国家総動員法の成立を背景として、昭和一五年に日本出版配給株式会社へと統合される。荘司徳太郎と清水文吉の編著『資料年表日配時代史』（出版ニュース社）は、その経緯を次のように述べている。

「この頃の出版物卸し取次業者は、全国で三百余店とかぞえられた。これは赤本系の特価本卸業者から官報取次販売業者、駅売店系統まで含めた数であるが、それが出版新体制により、すべてが御破算になり、間もなく一元的配給機構としての日本出版配給株式会社にすべて統合され、国家の統制下におかれることになるのである」。

日本出版配給株式会社の成立のモデルになったのは、一四年に創立された満州における満州書籍配給株式会社である。軍部と提携した革新官僚たちによって主導された植民地での出版統制機構の発足は、内地における出版統制機構の実験を兼ねたテストケースでもあった。原口統三は

『二十歳のエチュード』（角川文庫）で「植民地は野心の子を作る」と書いていているが、植民地の革新官僚こそはまさしく「野心の子」であり、戦後の日本の高度成長も植民地から帰還してきた彼らによって演出されたのである。

それはさておき、満州書籍配給株式会社の創立は、日本の出版社・取次・書店という近代出版流通システムが、国内と同様に大正から昭和にかけて、植民地にまで膨張していたことを示している。昭和一〇年発行の『全国書籍商総覧』（新聞之新聞社）の「満州書籍雑誌商組合略史」によれば、満州の書店は満鉄の誕生と同時に創業され、満州事変以後の日本からの移民の増加によって急成長した。その売上規模は、清水文吉の『本は流れる』（日本エディタースクール出版部）に示された昭和一六年の書籍の地方別販売売上では、満州のシェアが七・四％を占めている。九州地方が六・九％であるから、満州における書籍販売が出版業界にとっていかに重要な市場であったかがわかる。ちなみに同年の日本出版配給株式会社の書籍・雑誌の総売上は一億七千六百万円であった。

満州だけでなく、出版社・取次・書店という近代出版流通システムの成長を支えたのは、植民地に相次いで設立された図書館であり、その蔵書規模は日本の図書館に匹敵するものとなっていた。昭和一五年の文部省の調査で、蔵書数十一万冊以上の図書館が十六館確認されているが、そのうち四館が植民地の図書館である。

それを『大橋図書館四十年史』より抽出してみる。カッコ内は開館年である。

大連図書館（大正七年）　　二十五万冊
朝鮮総督府図書館（大正一二年）　　二十五万冊
台湾総督府図書館（大正三年）　　十八万冊
朝鮮総督府鉄道図書館（大正九年）　　十二万冊

これらの四館のほかにも、植民地には多くの図書館が設立され、特に満州においては、昭和九年に二十三館、分館として六館に及んだ。満鉄は社会教育事業、情報収集活動の一環として、図書館事業を推進し、それは日本図書館協会とのタイアップによるものであった。大正九年には、帝大図書館から衛藤利夫が奉天図書館長へ、大正一五年には日比谷図書館から柿沼介が大連図書館長へと招聘される。大正時代に彼らだけでなく、多くの日本の図書館人が植民地へと向かったのである。そして大正一四年に満州図書館協会が結成される。こうした植民地における図書館活動に呼応するように、日本図書館協会の主催による全国図書館大会が大正九年に満州と朝鮮で、昭和一〇年には京城で、昭和一二年には再び満州で開会される。また図書館大会ではないが、昭和四年には全国図書館協議会が台湾で開かれている。

このように、日本の出版業界も日本図書館協会も植民地と深く関わり、そのことによって様々な意味での市場を拡大していったのである。しかし、戦後の出版業界がそうであるように、図書館界もまたそのことについて沈黙している。出版史において植民地での出版業界の研究がないように、図書館史においても、植民地と図書館の実像は明らかにされていない。松本剛の『略奪した文化』（岩波書店）や岡村敬二の『遺された蔵書』（阿吽社）が出版され、また『ず・ぼん』（ポット出版）の三号で「図書館人が植民地でやったこと」という特集が組まれているが、総合的な研究はまだ出現していない。しかし『ず・ぼん』の特集で、河田いこひが指摘しているように、「日本の現代図書館史は、敗戦を境にして戦前と戦後というように分けることができない。敗戦による国家体制の転換にもかかわらず、図書館という機関は人脈も思想もシステムも基本的には敗戦前のものを引き継い」でおり、「図書館の過去は、破壊と陰ぺいによって温存されている」（「植民地図書館の三つのエピソード」）のである。それは図書館史ばかりではない。出版業界も同様である。

49　詩人と図書館

公共図書館の蔵書のなかで、詩のコーナーほど貧弱なものはない。最初から、選書を放棄していることが歴然としていて、個人全集とかシリーズ物で棚がうめられ、その横に俵万智や相田みつをの本が置かれていたりする。近代詩や現代詩はその存在を許されていないかのようだ。全国各地に詩人の名をつけた文学館が開設され、詩人の出身地の図書館には特設文庫が所蔵されていることも承知しているが、せめて思潮社の『現代詩文庫』だけでも全巻常備してほしいと思う。たった一行の詩が読者の人生を変えてしまうことだってあるのだから。

しかし、現在の図書館と詩の不幸な関係は詩のインスピレーションが、図書館という場所とは無縁のところで発生していることに求められるかもしれない。日本の近代詩のなかで、図書館のある風景は描かれてきたのだろうか。そんなことを考えて、中央公論社の『日本の詩歌』を通読してみたが、図書館のある風景はほとんど見当らない。わずか次のような石川啄木の『一握の砂』の一首に、点景として出現しているだけだ。

学校の図書庫の裏の秋の草
黄なる花咲きし
今も名知らず

明治後期の石川啄木の時代にあって、日本の近代図書館も近代詩もまだ始まったばかりであり、図書館の蔵書対象のなかに近代詩は含まれていなかったのではないだろうか。近代小説以上に、近代詩はリトルマガジンに発表され、初版部数は数百部であり、ほとんどが自費出版であった。そのため流通販売も定かでなく、図書館に収蔵される機会も少なかったと推測できる。だから図書館は石川琢木の歌のように点景として外側から詠まれてしまったのかもしれない。

ところで、人見東明という詩人をご存じだろうか。人見東明は、石川琢木と同時代の詩人で、言文一致詩ともいわれる口語詩の提唱者にして実践者であった。明治四四年に出版された、第一詩集『夜の舞踏』（扶桑社書店）は、『明治詩人集（二）』（『明治文学全集』61）に収録されていて、近代詩史のなかでは、『夜の舞踏』の詩人として位置づけられていることになる。この詩集を読んで、小川未明は人見東明について次のように評している。「一種のヒュマニティの上に立っている詩人である。頼りなさと、もどかしさを歌ふ、孤独な、センチメンタルな詩人である」。現在、『夜の舞踏』を読んでみても、小川未明の評が的確であり、それを修正する必要はないと思われる。したがって、人見東明はその作品の位相から考えて、近代詩史においてはマイナー・ポエットであり、忘れられた詩人に属しているといっていい。人見東明の名前は、各種の日本文学辞典にかならず掲載されているが、それは詩人というよりも、後半生の昭和女子大学の創立者、近代文庫の初代館長、「近代文学研究叢書」の編集者、出版者としての業績によっているように思われる。

人見東明の生涯をたどると、詩人として出発し、様々なリトルマガジンの発行に関わり、新聞記者を経た後、大正時代に教育者となり、昭和五四年に九十一歳で亡くなるまで、人生の大半を女子教育に注いだ。そのかたわらで、日本近代文学館よりはるかに先駆けて、昭和二四年に近代文庫を設立し、明治初年以降の近代文学全般にわたる資料を収集し始める。特筆すべきは、明治大正期の雑誌と明治期の詩集の収集であり、その充実ぶりは国会図書館や上野図書館を凌ぐものであり、「日本屈指の近代文学の文庫」（吉田精一）、「近代文学の貴重な一種の専門図書館」（小田切進）と評された。しかもその収集は国家からの特別図書費の補助を受けることなく、私財まで投入してなされたのである。こうした人見東明の情熱はどこからきているのだろうか。第二詩集『恋ごころ』の序文で「自分は所謂詩壇の人気作者ではない」と記している。人見東明ばかりでなく、明治から大正にかけて、「人気作者ではない」が、優れた作品を発表した詩人が多くいたにちがいない。そして彼らはマイナー・ポエットのままで評価もされず、作品も散逸してしまっている。自らも含めて、彼らの作品も収集し、近代詩史の間隙を埋め、そのことによって、貧しく若くして無名のままで死んだ詩人たちを追悼する、それが人見東明の近代文庫への願いであったのではないだろうか。そしてこれらの近代文庫の蔵書を利用して、「近代文学研究叢書」の刊行を企画し、昭和三一年に第一巻を出版し、平成一三年の第七六巻、別巻の『人見東明』を加えて七七巻が四十五年にわたって刊行された。「近代文学研究叢書」は、昭和女子大の学生や卒業生を中心にして編まれ、著作年表、資料年表に特色があり、近代文庫の蔵書が十全に生かされていて、戦後の近代文学研究の資料、文献、伝記といった実証的なデータベースとなったのである。収録文学者数は三百九十四人に及んでいる。

人見東明は「詩壇の人気作者ではな」かったが、それゆえにこそ近代文庫の館長として、近代詩史への大いなる貢献を果たしたのである。仕事を終えるといつも近代文庫にこもっていたという。上野図書館の愛好者であった柴田宵曲は次のような句を詠んでいる。

図書館をめぐれる木々や花過ぎし

おそらく、人見東明も同じような風景をみたにちがいない。なお、人見東明に関しては、「近代文学研究叢書」の別巻『人見東明』を参照している。

50 盲学校と点字図書館

母は盲目だった。幼くして失明し、上京して東京盲学校の中等部に入学し、師範部を終え、郷里に帰り、鍼医院を開業していた。戦後、父と結婚し、私を産んで、五年後に死んだ。享年三十歳、あまりにも早い死。敬虔なクリスチャンで、音楽に秀でていたという母。母が死んだ時、五歳にみたなかった私は母と交した会話を記憶していない。覚えているのは教会で行なわれた母の葬儀の風景であり、葬られた共同の地下墓地のひんやりとした佇まいである。

母がなぜクリスチャンになったのか、なぜ音楽に惹かれていたのか、昭和一〇年に刊行された

『東京盲学校六十年史』を読むと、それらがわかる。東京盲学校の起源は、英国人でキリスト教会の牧師であったヘンリー・フォールズによって明治八年に東京築地小田原町に開かれた楽善会訓盲院の創立にあった。明治二〇年に私立楽善会訓盲院は、文部省直轄の東京盲唖学校となり、これが明治四二年に官立東京盲学校と官立東京聾唖学校に分離独立する この時、東京盲学校は音羽の護国寺の北、雑司ヶ谷の丘の上に、ルネサンス様式の建物が竣工され、ここに移転することになる。

この時代から、福沢諭吉が『西洋事情』で述べている「盲人に読書を教うるには、紙に凸字を印し、地図等は針にて紙に孔を穿ち、海陸の形を書き、指端にてこれを触れしむ」(『日本の名著』33、中央公論社)という盲人教育が、日本でも本格的に始まったのである。母が入学したのは、昭和一〇年代の初めであり、その時代の盲学校の生徒たちはどのような状況と環境におかれていたのだろうか。昭和一八年に師範部に入学し、その後盲学校教師となった鈴木栄助の『ある盲学校教師の三十年』(岩波新書)は、次のように記している。母はその頃まだ在学していたのだろうか。

「初等部や中等部の生徒は、全国の盲学校から厳しい選抜試験を突破して入学した俊才たちで、家庭的にも恵まれ、将来は師範部に進んで全国盲学校の中等部鍼按科や音楽家の教員になることを志していた」。

そして、全国各地からの入学者は、初等部から師範部まで合わせて、約二百八十名であったという。母もそのひとりだったのだ。東京盲学校の図書館の開館は、『東京盲学校六十年史』によれば、昭和九年とあるから、母が入学する少し前に建築されたことになる。おそらく当時としては、日本最大の点字図書、盲人教育資料を所蔵していたと推測できる。母もきっとここに通い、指で多くの本を読んだにちがいない。そして最も惹きつけられ、繰り返し読んだのは『聖書』であったと思う。東京盲学校ですごした母の学生生活を想像すると、キリスト教をベースにし、音楽に教育の比重がおかれていたため、必然的にキリスト教と音楽へと接近していったのではないだろうか。いつキリスト教に入信したのかは定かではないが、幼い頃母に連れられて教会へ通ったことを覚えているし、私の名前も「ヨハネ伝」の一節から取られたのである。母が死んだ後、残していった点字器や点字の書物にさわり、壁に貼られていた茨の冠をかぶり、血を流しているキリスト像をみた。しかし、それらは周囲から次第に姿を消し、残された一家は仏教へと回帰していった。

盲人でクリスチャンであったのは母だけではない。昭和一五年に独力で日本点字図書館を立ちあげた本間一夫もまた関西学院時代に洗礼を受けたクリスチャンであり、キリスト教の福祉と奉仕の思想が、日本点字図書館の創立の原点となっている。それゆえにこそ、日本点字図書館も私立図書館として始まったのだ。母はここを訪ねたことがあるだろうか。その本間一夫の「日本点字図書館と私」というサブタイトルが付された、書名からして感銘的な『指と耳で読む』（岩波新書）は、盲目の身で『群書類従』を完成させた塙保己一の記録に匹敵するほどの、苦難にみちた点字図書館史である。それは本間一夫の軌跡だけでなく、彼の背後にいる多くの印象的なボランティアたちと、有形無形の贈与によって支援した様々な人々の存在によって、日本点字図書館は成立し、継続したことを示している。あまたの図書館開設記が図書館人たちによって書かれているが、ほとんどが自己満足の書でしかない。本間一夫の『指と耳で読む』の一冊の前では、それらはすべて色褪せてしまう。

本間一夫は、もし失明していなかったら自分の人生はまったく別な平凡な一生であったかもしれないと述べ、次のように語っている。

「失明したればこそ、この点字図書館という意義ある仕事を与えられ、多くの愛と善意の人々にめぐり合い、助けられ、はげまされて、この一筋道を歩み続けることができたということです。(中略) 神は失明という苦難を通じて、私をここに導き、今この地点に立たせておられるのです。何という感謝でありましょう。『失明もまた恩寵』でありました」。

母よ、あなたの失明も不幸ではあったけれども、それは私の生の恩寵であったかもしれない。なぜなら盲目でなければ、あなたは父と結婚していなかっただろう。そして私も生まれることがなかっただろう。

母よ、あなたは指で読んだ。私は眼で、あなたの分まで読んだだろうか。

51　松本清張と図書館

(1)　清張と埴谷雄高

松本清張の「回想的自叙伝」である『半生の記』(『松本清張全集』34所収、文藝春秋) をたどりながら、その少年時代の出版史を召喚し、彼の読書史を再現してみたい。その出版・読書史こそが清張文学の源泉と見なせるからだ。

これはあまり言及されていないと思われるけれども、清張は戦後の昭和二一年創刊の『近代文学』同人とほぼ同世代である。その中でも、埴谷雄高は明治四三年一月一日生まれとされているが、実際の出生は四二年一二月一九日であり、清張も四二年一二月二一日なので、二人は時を同じくして生まれ、同学年ということになる。

もちろん藤井康栄が『松本清張の残像』(文春新書) で指摘した清張の幼児期の肖像写真による二月一二日説も承知しているが、同じ明治四二年だから、埴谷と同年生まれであることに変わりはない。ちなみに埴谷以外の『近代文学』創刊同人の生年を挙げれば、山室静は明治三九年、平野謙は同四〇年、本多秋五は同四一年、荒正人は大正二年、佐々木基一は同三年、小田切秀雄は同五年である。

清張と明治末から大正初めに生まれた『近代文学』同人たちに共通するものは何か。それは学歴を有さない清張にしても、大学を経てきた同人たちにとっても、昭和を迎えて新たに出現した円本全集という出版状況に遭遇したことだった。埴谷は少年時代のロシア文学を中心とする読書録ともいえる『影絵の世界』（平凡社）において、それを次のように記している。

「私たちは私たちの長い歴史に対して、石器時代、青銅時代、鉄時代といった大きな区分法を用いているが、それをさらに短く細分化し、百年単位の世紀をそれぞれのきわ立った特徴に従ってあえて命名してみれば、恐らく、私たちの二十世紀は、〈活字の魔〉に憑かれた乱読の世紀、とでもよばれるにちがいない」。

そうした「乱読の世紀」を招来させたのは明治二〇年代に立ち上がった出版社・取次・書店という近代出版流通システムの成長で、それは日本近代文学の誕生と軌を一にしている。これらの事実は近代文学作品がこのシステムを通じて全国へと伝播していったことを物語っている。また明治三〇年代には鉄道が全国的に整備され、雑誌の時代が相乗し、出版社や取次だけでなく、書店も成長し続け、明治末期には近代書店が全国各地に出現した。その数は三千店に及び、無数の近代読者が生まれ、近代読書社会が形成されていったのである。それは大正時代に入るとさらに加速し、昭和初期に書店数は一万店に達していた。

このような読書インフラの成長過程で、埴谷のいうところの「そこに黒く目を射る活字があるために現世紀に生まれあわせた私たちはみなみずから思いもうけぬ乱読のなかへひきずりこまれる運命を負ってしまった」のであり、彼は「このような世紀の子として、光栄ある乱読者のひとりだった」と述懐している。

それは埴谷のみならず、『近代文学』同人たちもともにたどった読書回路だったであろうし、まったく環境は異なっていても、同世代の清張も、「このような世紀の子として、光栄ある乱読者のひとり」だったと断言できよう。ただ清張は高等小学校を終え、十五歳で社会に出ていたから、長きにわたって孤独な乱読者として、否応なく独学者の道を歩んでいくしかなかったのである。そして後に必然的に同じような独学者を主人公とする「断碑」や「石の骨」を書くことになる。私もこの二作をめぐって、「葦牙書房、森本六爾、松本清張『断碑』」や「直良信夫と松本清張『石の骨』」(いずれも『近代出版史探索Ⅳ』所収、論創社)などを書いているので、よろしければ参照されたい。

(2) 乱読と昭和円本時代の到来

それらはともかく、昭和円本時代が埴谷たちや清張にも等しく訪れようとしていた。その始まりは大正一五年一二月で、改造社の『現代日本文学全集』の第六巻『尾崎紅葉集』によって、幕があがったのである。この円本を定義すれば、昭和の初めに、新聞に大宣伝をうち、大量生産、大量販売を目的とし、かつてない一冊一円の廉価で予約出版され、出版業界や読書社会に画期的なブームを引き起こした全集類をさしている。清張と関連している文学全集と出版社、第一回配本と全巻数を含め、列挙してみる。ただ紙幅の関係もあり、すべてに言及できないことは承知してほしい。

春陽堂『現代戯曲選集』　全十巻　大正一五年
改造社『現代日本文学全集』　全六十三巻　大正一五年
新潮社『世界文学全集』　全五十巻　昭和二年
平凡社『現代大衆文学全集』　全六十巻　昭和二年
春陽堂『明治大正文学全集』　全六十巻　昭和三年
平凡社『新興文学全集』　全三十四巻　昭和三年
改造社『世界大衆文学全集』　全八十巻　昭和三年
改造社『日本探偵小説全集』　全二十巻　昭和四年

これらの全集の各巻詳細は『日本近代文学大事典』第六巻に掲載されているので、必要であれば、そちらを見てほしい。
この八種の文学全集のうち、最初の『現代戯曲選集』は清張が読んだと推測されるし、刊行も『現代日本文学全集』に先行しているので、従来の円本に数えられていないが、あえて挙げたことを先に断わっておく。これらは主たる文学全集だけであるけれど、わずか四年ほどの間に次々に刊行されていき、これらだけで四百巻近くに及んでいる。またトータルすれば、このような円本全集、シリーズ物は三百数十種も刊行されたと伝えられている。それに加えて、円本に抗するかたちで、昭和二年に岩波文庫が創刊され、それに改造文庫なども連なっていったのである。まさに近代読者のための「乱読の世紀」が到来したといっていいし、文学全集と文庫はそのまま戦後の昭和時代へとも引き継がれていった。

(3) 改造社『現代日本文学全集』、図書館、戯曲

そのような円本時代にあって、清張は何を読んでいたのか。『半生の記』によってトレースしてみる。改造社の『現代日本文学全集』の刊行が始まる大正一五年、清張は十七歳であった。一三年に高等小学校を終え、川北電気小倉出張所で月給十一円の給仕に採用されていた。清張は川北電気にいた三年間に、菊池寛が大正一二年に創刊した『文藝春秋』の愛読者となった。その一方で、書店、貸本屋、古本屋、図書館に通い、明治文学から外国文学を読み、それらの名前を挙げている。明治の作家としては夏目漱石、森鷗外、田山花袋、泉鏡花など、新しい作家としては芥川龍之介、志賀直哉、菊池寛たち、戯曲方面では鈴木泉三郎、関口次郎、岸田国士、山本有三である。

芥川については具体的に『春服』と『湖南の扇』を挙げ、「銀行などに使いにいって、椅子に

腰かけて待つ間のひまに、貪るように読んだ」と述べている。この二冊の日本近代文学館の復刻が手元にあるが、前者は定価二円五〇銭、大正二年に春陽堂、後者は定価二円二〇銭、昭和二年に文藝春秋出版部から出されている。しかし気になるのは定価で、初任給十一円もすべて親に渡していたこと、及び自伝的エッセイ「雑草の実」(『自伝抄I』所収、読売新聞社)で、書店での立ち読み体験にふれ、「十六七のころは新刊書を買う余裕がなかった」と語っていることからすれば、図書館で借りたと見なすべきだろう。それは円本に関しても同様で、改造社の『現代日本文学全集』も毎月一冊一円を支払う購入はできなかったと書いている。

先述の藤井の『松本清張の残像』の中に、当時通いつめていたとされる小倉市立記念図書館の写真の掲載があるが、近代の独学者がそうであったように、清張も図書館を抜きにして、「文学書ばかり読む給仕」という存在の成立はなかったといえるかもしれない。そういえば、埴谷雄高も少し遅れて、九段下の大橋図書館に耽溺していたではないか。

おそらく清張が戯曲方面に馴染んだのはこの小倉市立記念図書館においてだったように思われる。『半生の記』で『文藝春秋』誌上を通じてのように書かれているが、『文藝春秋七十年史［資料篇］』の「『文藝春秋』総目次」の大正一二年から一五年までをたどってみても、「戯曲号」が二回組まれているけれど、前述の四人の戯曲掲載はほとんどない。芥川は「侏儒の言葉」、菊池は創作や随筆を毎月連載しているので、『文藝春秋』経由で清張が愛読者になっていたのは了解できる。だが戯曲方面への関心を決定づけたのは、『現代日本文学全集』に先駆けて刊行された春陽堂の『現代戯曲選集』によっているのではないだろうか。

この選集は巻数が十巻と少ないものの、鈴木泉三郎、関口次郎、岸田国士、山本有三がそれぞれ単独の一巻を占めている。それに関口や岸田にとっては最初のまとまった戯曲集であり、鈴木にしても夭逝した彼の傑作集とされているし、清張の目に止まらぬはずがない。地方の学歴も有さない少年がそれらの出版情報を得て、そうした戯曲類を読んでいたのは信じられないと思われるかもしれないが、明治から昭和にかけての少年少女たちの卓抜なリテラシーを疑ってはならない。

(4) 九州の書店事情

田山花袋が『東京の三十年』(岩波文庫)で回想しているように、明治三〇年代には丸善の洋書売場で西洋の近代文学と出会っていた。ただその丸善の洋書売場にしても、「丁度田舎の、遠い辺陬の田舎の書店が、広告によって、中央文壇に発刊されたある二三の作を取寄せて並べて置く」のと変わっていなかった。それは清張が通っていた書店や図書館にしても、現在からは想像もできないほど小さく、本も揃っていなかったからこそ、さらなる読書欲を駆り立てたにちがいない。

それに昭和円本時代は出版業界全体がブームに包まれ、都市だけでなく、地方書店状況も沸騰していた。円本時代の九州の書店事情に関しては、「改造社の一兵卒で、その円本合戦の第一線であばれ廻った」牧野武夫の『雲か山か』(中公文庫)があり、私もそれを援用して、「円本時代と書店」(『書店の近代』所収、平凡社新書)を書いている。牧野によれば、当時の九州で久留米の菊竹金文堂が書店と取次を兼ねて成長し、そこからのれん分けのかたちで、いずれも金の字を冠した屋号を掲げ、九州の各市に出店し、金文堂チェーンを形成していた。

それらは門司の金山堂、小倉の金栄堂、八幡の金運堂、博多の金文支店などで、金文堂チェーンは改造社の『現代日本文学全集』に肩入れし、予約販売促進に全力で取り組んでいたとされる。そのような中での書店の熱気は店頭の幟旗、ポスター、法被などの様々な販促ツールに反映され、清張にとっても刺激的だったと思われる。それに小倉には金栄堂があったし、父親の峯太郎がとっていた新聞二紙にも、各種の円本広告が掲載されていたはずだ。

(5) 木村毅『小説研究十六講』

それらの事実から推測すると、清張が明治の作家たちを読んだのは主として『現代日本文学全集』だったと考えられる。漱石たちはいずれも一巻を占めているし、清張好みアンソロジー『紀行随筆集』といった一巻もあるからだ。その『現代日本文学全集』の読書と密接に連関してだと思われるが、清張は木村毅の『小説研究十六講』(新潮社、大正一四年一二月、第十三版)を買っている。『新潮社一〇〇年図書総目録』で確認すると定価は二円五〇銭であり、父の飲食店経営が順調だったので、購入できたのであろう。これは清張の「葉脈探究の人―木村毅と私―」という序文を添え、昭和五五年に恒文社から復刻されている。また私も「松本清張と木村毅『小説研究十六講』」（『近代出版史探索』所収）を書いているので、詳細はこれらを参照してほしいが、木村の「序」には見逃すことのできない一節があった。おそらく清張も大いなる共感を得たはずで、彼もその部分を引いている。それは次のような一節である。

「青雲の志に燃ゆる青少年達には、あたかも明治の初年、何人もが華やかなる政界へ馳駆を夢みたと同じように、小説の創作ということが共通に胸に抱かるる野心となり、憧憬となり、希望となり、一つのロマンチシズムとなっていると言っても過言ではなかろう。組織立った科学的な小説の研究書を求むる声の、昨今にして漸く我等の耳に入るには、こうした社会的背景を控うるが故である」。

そして清張は当時の一部の青少年たちの「青雲の志」が「小説創作の野心・憧憬・希望」に向けられていたし、それは「そのころの私の中にもあった一半の気持」だったと述べている。この述懐は文学が学歴を有さない青少年たちにとってのひとつの希望、言葉を換えていえば、学歴を必要としない立身出世の道だったことを告げているし、円本ブームと作家にもたらされた高額な印税はそれに拍車をかけたとも思われる。実際に後者は清張が戦後を迎えて体現したものでもあった。

(6) 新潮社『世界文学全集』

しかしそこに至るには『小説研究十六講』がそうであるように、『現代日本文学全集』だけではなく、外国文学も不可欠であった。それについても、清張は『半生の記』で書いている。「外国文学は新潮社から最初の世界文学全集が出たときに馴染んだ。ドストエフスキーも、その機縁で読むようになったが、そのうち惹かれたのはポオであった。このような好みの私が私小説に興味をもてるはずがない。原久一郎訳のゴーリキイの『夜の宿』(どん底)をよみ、その陰惨な生活が当時の自分にひどく親近感を持たせた憶えがある。それに、訳者の原氏が月報に書いたところによると、氏も木賃宿住まいの頃があったらしく、その思い出の短文に惹かれた。その中にあった「霰《あられ》たばしる」なんとかという短歌は、いつまでも憶えていた。この『夜の宿』は、私の父親の木賃宿の思い出につながった」。

これは正確にいうと『世界文学全集』第二十四巻の『露西亜三人集』である。第十一回配本で、昭和三年一月の刊行とされる。チエホフ、ゴーリキイ、ゴーゴリの三人の作品が収録され、確かに原訳の『どん底』が見られるし、まったく偶然ながら所持する一冊は月報も欠けていない。それは「世界文学月報」第十号で、B五判八ページ、二つ折りのものである。原の「短文」は「訳者の感想」というタイトルで、二ページ近くに及んでいる。

それを要約してみる。原は『どん底』を翻訳することで、十七、八年前の「夜の宿」、つまり放浪時代の木賃宿暮らしが思い出された。そこには『どん底』に出てくるような人々がいて、

「テンマの老爺《とっ》さん」は不思議な洞察力を備えた占い、「……河風さむく霰降るなり」という名吟、及び小学校長という過去の経歴を持っていた。おそらく彼もすでに墓の彼方へいっているだろうが、それらの人々によって自分も救われたのであり、感謝の意を表すと原は書いている。

このように確認してみると、「月報」の文章まで覚えている清張の記憶力に驚かされる。ただ清張の記憶が間違いで、「短歌」ではなく、漢詩、「霰たばしる」ではなく、「霰降るなり」であり、またどうして『どん底』を『夜の宿』としているのかがわかる。清張が『半生の記』を書いたのは昭和三八年から翌年にかけてで、『露西亜三人集』刊行の三十五年後であり、その記憶に基づいてのものだろうが、「父親の木賃宿の思い出」とリンクしていることに注視すべきだろう。読書の記憶が個人史とクロスし、そのように変奏されたと解釈できるし、それはまさに清張の小説作法にも通じているように思える。

それはゴーゴリ以上にポオの作品にも投影され、『露西亜三人集』よりもはるかに深く、清張に影響を与えたと思われる。具体的にいえば、『世界文学全集』第十一巻の『ポオ傑作集・緋文字其他』（以下『ポオ傑作集』）だと断言していい。その『ポオ傑作集』は谷崎精二訳によるもので、「黄金虫」「モルグ街の殺人」「マリイ・ロージェの秘密」「アッシヤァ家の没落」などの二十編が収録されている。清張は先の『夜の宿』の記憶に続いて「ポオを読んで『アッシャー家の没落』に描かれたような荒涼とした山野を一日中彷徨していたときもある」と書いている。

(7) ポオと『ゼロの焦点』

そしてさらに言及はないけれど、『世界文学全集』第三十七巻の『近代詩人集』も読んだにちがいない。そこには一作だけだが、ポオの日夏耿之介訳「大鴉」も収録されていたからだ。私見によれば、清張はポオの小説だけでなく、その詩にも深く親炙していたし、その双方からインスピレーションを得て、『ゼロの焦点』を紡ぎ出したのではないかと思える。この「長編推理小説」は清張ならではのポオの作品をベースとするその変奏であり、作品名を挙げれば、「マリィ・ロージェの秘密」、及び詩の「アナベル・リー」と「海の都市」を物語の根底にすえているのではないだろうか。

なお『ゼロの焦点』のテキストは「カッパ・ノベルス」版（昭和三四年一二月二五日初版、同三五年一月五日一六版）を使用する。私が中学生だった昭和三十年代後半に読んだのも、この「カッパ・ノベルス」によってだった。

『ゼロの焦点』は周知のように、ヒロインの禎子はイントロダクションの見合いと結婚を経て、新婚一週間目に失踪した夫の鵜原憲一の行方を探るために、金沢へと旅立つ。鵜原は広告会社の金沢出張所に勤め、結婚を機に東京の本社に戻ることになっていたが、一週間経っても戻ってこなかったのである。

禎子は金沢警察に捜索願を出す一方で、能登半島の海岸で身元不明の自殺死体が発見されたことを知り、その能登高浜へと向かう。それは別人だったが、彼女はその自殺現場の断崖のある海岸へと歩いていく。断崖に立つと寒い風が吹きつけ、顔をたたいたが、そのまま暗い海への凝視を続けた。そうしているうちに「夫の死がこの海の中にあるような気がして」、自分が「消えた夫を探し求めて彷徨している可哀想な妻」だと思った。

(8)『ゼロの焦点』における詩

陽は沈み、雲はさらに暗くなり、海原も黒さを増し、潮騒が高まりその上を風の音が渡っていく。禎子の全身は冷え、足も手も凍てつくようだった。その後に『ゼロの焦点』の最初のクライマックスといえるシーンが訪れる。

しかし、そのことは意識になく、思いがけなく、学生時代に読んだ外国の詩の一節が浮かんだ。

しかし、ごらん、空の乱れ、
波が――騒《さざ》めいている。
さながら塔がわずかに沈んで、
どんよりとした潮を押しやったかのよう――
あたかも塔の頂《いただ》きが膜のような空に
かすかに裂《さ》け目をつくったかのよう。

いまや波は赤く光る……
時間は微《かす》かにひくく息づいている――
この世のものとも思われぬ呻吟《しんぎん》のなかに。
禎子は心の中でこれをくり返した。目は暮れてゆく海の変化を見つめたままだった。
「In her tomb by the sounding sea!」
不意に、詩文の一句が口をついて出た。禎子は涙をながした。
海沿いの墓のなか
海ぎわの墓のなか――

ここであらためてこの五番目の章が「海沿いの墓場」と題されていたことに気づく。そしてこの後から「マリィ・ロージェの秘密」ならぬ、夫の憲一、金沢の有力企業の社長夫人で「地元の名士」の室田佐知子、その会社の受付女性の田沼久子の「秘密」がたどられ、占領下の日本の戦後社会が浮かび上がり、それに寄り添うようにして殺人事件が起きていく。
「マリィ・ロージェの秘密」はデュパンによって解明されていくが、『ゼロの焦点』において、その役割を果たすのは禎子自身に他ならない。第十一章の「夫の意味」に至って、夫が別人の名前で自殺していたことを知り、彼女はその死に場所の能登金剛の断崖の上に立つ。先の「海沿いの墓場」の近くで、ここも「海原の墓場」のようだった。そこで彼女は再びあの詩を思い浮かべ、全文が再引用されるのである。さらに最終章「ゼロの焦点」のクロージングのシーンにおいて、禎子は三たび近くの同じような断崖の上に立ち、「海沿いの墓場」のところで、思わず口をついて出た英語の詩文の一句を胸によみがえらせる。それは次のようなものだ。

In her tomb by the sounding sea!
とどろく海辺の妻の墓！

これは舟で沖に出て死に赴く佐和子だけでなく、内縁の妻として殺された久子、そして新婚一週間で夫を失った禎子をメタファーとする詩の一節のようにも思われ、それに「禎子の目を烈風が叩いた」という一文が続き、『ゼロの焦点』の物語は閉じられている。

もはや二十年ほど前になってしまうが、拙稿「松本清張と読者」（『文庫・新書の海を泳ぐ』所収、編書房、二〇〇二年）で、この詩がポオの詩「海の都市」（The City in the sea）と「アナベル・リー」（Annabel Lee）からの引用の織物であることを指摘しておいた。そして『ゼロの焦点』のコアとは、敗戦と戦後のオキュパイド・ジャパンを起点とし、あえなく潰え去ってしまうほかはない男女の物語で、それこそがひとつの清張の文学の色彩であることも。またそれゆえに『ゼロの焦点』という「社会派推理」にしても、時代に翻弄され、悲恋に終わってしまうしかない幾つものラブストーリーの織物ではないかと。

(9) 清張による引用とアレンジ

しかしその際には紙幅もあって、原文を示すことができず、誰の翻訳によるのかにも言及できず、ポオの詩であることにふれただけだった。先に訳者と出典を記せば、阿部保訳『ポオ詩集』（新潮文庫、昭和三一年）である。阿部は詩人の百田宗治のリトルマガジン『椎の木』の近傍にあり、昭和一〇年に椎の木社からポオの『詩の原理』を翻訳刊行している。それからもポオの詩の翻訳を続けていたようで、新潮文庫版の「あとがき」は昭和二三年一二月付で記されていることからすれば、文庫版に先駆け、私家版が出ていたと思われる。それを清張が入手し、後に『ゼロの焦点』へと引用に及んだとも考えられる。

またその後、機会を得て、あらためて原文と照らし合わせてみた。「海の都市」はその最後の第五連に当たる。原文を引いてみる。

But lo, a stir is in the air!
The wave——there is a movement there!
As if the towers had thrust aside,
In slightly, sinking, the dull tide——
As if their tops had feebly given
A void within the filmy Heaven.

The waves have now a redder glow——
The hours are breathing faint and low——
And when, amid no earthly moans,
Down, down that town shall settle hence,
Hell, rising from a thousand thrones,
Shall do it reverence.

前掲の阿部訳と比べてもらえばわかるように、最後の三行はカットされている。それらも阿部訳で示せば、「都会のだんだんと沈んでゆくとき／地獄は、一千の王座から立上り、／この都に敬礼《いや》を払え」である。これは先行する悲歌のイメージと異なり、『ゼロの焦点』にふさわしくないので、省かれたのである。その代わりのように、「海沿いの墓のなか／海ぎわの墓のなか——」という二行が加えられている。実はこれが「アナベル・リー」の最後の二行なのである。こちらも原文を引いてみる。

In her sepulcher there by the sea——
In her tomb by the sounding sea.

つまりはほぼ同じ能登の断崖で、禎子が海を凝視して思い浮かべるのは、ポオの「海の都市」と「アナベル・リー」、阿部訳タイトルは「海中の都市」と「アナベル・リイ」を織物とした詩ということになる。それならば、「海沿いの墓場」の章に見える「In her tomb by the sounding sea.」、また『ゼロの焦点』のクロージングのところでは同じ英語のフレーズが感嘆符を付して強調され、「とどろく海辺の妻の墓!」という訳文が併置されているが、この訳文と感嘆符はどのように解釈すべきなのか。

まず出典は先に挙げた「アナベル・リー」の最後の一行で、これは同詩のキーワードともいえる「In this kingdom by the sea」を受け、海のほとりの王国とアナベル・リーの死を物語るものである。それはそのまま、清張による能登の海岸のイメージと重なり、「とどろく海」を凝視する禎子を哀悼するだけでなく、佐和子と久子の死を追悼していることになろう。この三人の女性こそは清張の「アナベル・リー」なのだ。

そのように考えてみると、『ゼロの焦点』とはそうした清張の「アナベル・リー」のバニシング・ポイント、すなわち消失点を意味して、そこからタイトルが採用されたことになろう。また『ゼロの焦点』はポオの「マリイ・ロージェの秘密」や「アナベル・リー」「海の都市」の変奏ともいえる。だが当時はまだ決定版『ポオ全集』(東京創元社、昭和三七年)は出ておらず、日夏耿之介訳の『ポオ詩集』(創元選書、同二五年)を参照したはずである。しかし日夏訳の「アナベル・リイ」にしても、「海中都府《わたのみやこ》」にしても、それらは荘重な文語訳で、『ゼロの焦点』の在り処を象徴する詩としては使用できず、口語自由詩訳に近い阿部保訳が選ばれたと思われる。いってみれば、口語自由詩も昭和を迎え、盛んになっていたのである。それゆえに『ゼロの焦点』で禎子の思い出す詩とは、清張のポオに対する深い執着、及び口語自由詩訳への愛着を物語り、そこに昭和円本時代の『ポオ傑作集』の清張に与えた長きにわたる影響をうかがうことができよう。

なおこれは余談だが、『ゼロの焦点』から半世紀後に、ほかならぬ日夏の『ポオ詩集』と「アナベル・リイ」によって、大江健三郎が『臈《ろう》たしアナベル・リイ総毛立ちつ身まかりつ』（新潮社、平成一九年）を書くことになる。

52　大きな図書館から小さな図書館へ

戦後の占領末期に生まれ、高度成長期に少年時代を過ごし、一九七〇年代に成人し、その後もあわただしく半世紀以上を生きてくると、福沢諭吉が『文明論之概略』の「緒言」に書きつけた「一身にして二生を経るが如く」という言葉が浮かんでくる。もちろん江戸から明治への大転換ほどではないにしても、戦後の日本社会の変貌もドラスチックであったことを、今さらながら実感する。

それは本をめぐる環境も同様であり、そのことから始めたいと思う。一九六〇年代まで現在と同じ本のインフラを形成する書店、古本屋、図書館はとても小さかった。みすず書房の元営業部長の相田良雄が『出版販売を読む』（日本エディタースクール出版部）で語っているところによれば、五〇年代の地方書店は老舗ですら十坪ほどで、大きくなり始めるのは高度成長期に入り、出版点数が増えてきた頃からだという。

私の本にまつわる経験を振り返ってみてもまだ六〇年代の書店、古本屋、学校図書館、公共図書館、貸本屋のいずれもが小さかった。しかもそれらは小学校の図書室を除き、私の住んでいた農村地帯にはなく、「往還」と呼ばれている道の向こうにある町にしかなかった。その商店街の中に三軒の書店があった。今になって考えれば、書店だけでなく、町の至るところに並んでいた様々な商店そのものが小さく、商店街自体が多様で小さな商売と生活を兼ねていた場所だったことに気づく。

中学生になって、汽車で数駅先の地方都市には大書店があると聞かされ、遠征するような気持ちで出かけていった。その書店は二階建てで、とてつもなく広く、本の量も比べものにならないほど多いと感じられたが、せいぜい合わせて百坪にも満たなかったであろう。

そのような思いは七〇年代になってからも変わらず、初めて新宿の紀伊國屋書店に入り、東京の大書店だと実感したこともある。しかし当時の紀伊國屋書店にしても、現在と比べれば、それほど広い坪数ではなかったと思われる。ただその時代の認識からすれば、地方の本をめぐる環境は貧しいものだが、都市は大書店に象徴されるように、充実し豊かだと見なされていた。つまりそこに都市と地方の文化格差がこめられていたのだろう。だからその解消をめざし、同世代の多くの人々が東京へと向かったのである。

だがあらためて思うのは上京しても、大書店に出かけて新刊を買う金銭的余裕も時間もなく、学生街の小さな書店と古本屋でほとんどの本を買い求め、それで終わってしまった気がする。それに当時の東京は小さな書店と古本屋の都市のように映り、思いがけない街角にあったりもした。だから私はほぼ成人するまで、小さな本のインフラの世界に生き、そこから出立してきたことになる。

その中でも思い出されるのは商店街の外れにあった小さな古本屋である。この店のことは昨年(二〇〇九年)上梓した『古雑誌探究』(論創社)所収の「早川書房とエラリイ・クイーンズ・ミステリ・マガジン」のところで書いておいた。六〇年代半ばに、私はこの古本屋で早川書房のミステリ雑誌のバックナンバーを十数冊入手した。確か二〇〜三〇円だったと思う。それでチャンドラーの『長いお別れ』や結城昌治の短編を知り、その後二人の愛読者となるきっかけとなったのだ。

『古雑誌探究』を書き上げ、中学時代の同級生が営む理髪店に出かけ、あの頃商店街の外れにあった古本屋を覚えているかと話したところ、彼から覚えているよ、あのおもちゃ屋の隣りにあった店だろうという返事が戻ってきた。そして数カ月後にまた髪をカットに出かけると、彼はその古本屋をかつての町の写真の中から見つけ出し、引き伸ばし、私にプレゼントするために待っていたのである。それがここに掲載した写真に他ならない。

この写真を見て、私はあの時代に引き戻された。こんなにも小さくて見すぼらしい店だったのか。この「一木」という店名と正面風景は記憶にまったくなかった。覚えているのは数年間だけ開いていたこと、老夫婦がひっそりと営んでいたこと、それに『エラリイ・クイーンズ・ミステリ・マガジン』の他に、『マンハント』や『ヒッチコック・マガジン』もあり、棚には多くの海外ミステリや日本の推理小説がつまっていたことだ。おそらく海外ミステリの愛読者がいて、何らかの事情でそれらの蔵書が放出され、その古本屋で売られていたのだろう。

早川書房のミステリ雑誌を買っただけで、それらの本を購入できないでいるうちに、この「一木」という古本屋は閉じられてしまった。だが私はその棚にあった内外のミステリの書名をすべて覚えてしまっていたので、その後図書館などで探し、読み始めた。それゆえにこの小さな古本屋は私にとってミステリへの誘いのトポスだったのである。

しかしこの小さな古本屋がうたかたのように消えてしまったのは高度成長期の一齣《こま》だったにしても、九〇年代に入ると、郊外消費社会の隆盛に伴い、商店街がほとんど跡形もなくなり、現在では高層マンションが建ち並んでいる。郊外消費社会を形成するナショナルチェーンの大店舗によって、地場の多様で小さな商売は消滅してしまったのだ。

「大きいことはいいことだ」というテレビコマーシャルが流れていたのは確か六〇年代末ではな

かったろうか。

＊

八〇年代以後、書店は郊外店となって大きくなり、九〇年代に入ると、古本屋はブックオフに代表されるように大型化した。それは公共図書館も同様の歩みをたどった。

七〇年代に公共図書館は全国で八百館を数えるだけで、嘘八百とまで揶揄され、先進国として図書館に関しては後進国だとも言われていた。それが現在では二千七百館を超え、四〇年前に比べれば、三倍以上に増え、地方自治体の大半が図書館を設置するに及んでいる。そしてマークシステムとコンピュータ化によって、貸し出しとレファレンス機能の進化、蔵書検索や相互貸借の普及が可能となり、高度なサービス化、情報化も達成された。

これらの内包的機能ばかりでなく、誰の目にも明らかなのは図書館そのものが明るく快適な場所になったこと、大きくなり広くなったことであろう。私は中学から大学に至るまでの六〇年代から七〇年代にかけて、公共図書館を利用していたが、当時は暗くて狭く、規模的にいっても新刊の量も含めて蔵書も少なく、広さに至っては十分の一にも充たなかっただろう。それでもその片隅には秘密めいた場所もあり、古い本の匂いは時間の堆積を感じさせ、裏の見返しのところにはさまれた貸し出しカードはその本の読まれてきた歴史を物語っていた。

しかし図書館の高度成長期とよんでいいように思われる八〇年代から九〇年代にかけて、かつての図書館のイメージは払拭され、広くて明るい現在の図書館が当然の風景と化してしまった。だが二一世紀に入って、図書館の高度成長期は終わったと見るべきだろう。人口や経済が縮小しているように、ひたすら拡大の道をたどってきた公共図書館も新しい方向性を模索する時代へと移行しつつあるのではないだろうか。そしてその時代こそ、戦前から高度成長期までの図書館の歴史に盛り込まれている様々な物語やエピソードが浮上し、現在の図書館を逆照射するのではないだろうか。

ここでは二〇世紀の歴史を戦争と革命の中に生き、その背景に絶えず図書館を描いていたと思われる毛沢東のことを書いてみよう。毛沢東の生涯についてはエドガー・スノウの『新版中国の赤い星』(宇佐美誠次郎訳、筑摩書房)、及びロバート・ペイン『毛沢東』(宇野輝雄訳、角川文庫)を参照している。

一八九三年生まれの毛沢東は十歳の小学生の頃から中国の古典や小説を読み始め、十四歳で高等小学校へ入るために町に出る。そして外国の偉人伝の翻訳書『世界の英雄』とめぐり会い、中国の古典や小説に加えて、「世界」や「英雄」の概念をも得て、学校図書室に立てこもり、すばらしい速さで本を読破し、周りに本の壁ができてしまうほどで、これほどまでに知識を渇望している生徒はいなかったという。

中学時代に辛亥革命を体験し、西欧の科学と哲学に関する広範囲な知識を身につけようとして、湖南省立第一師範学校に入学する。ここで毛は彼を激励してくれる楊昌済教授と運命的に出会い、『共産党宣言』などを読み、第一次世界大戦が勃発した一九一四年には完全な社会主義者になっていた。この地の公共図書館は中国全土の新聞も揃い、蔵書も充実していたので、毛は入りびたりになり、十時間も机にかじりつき、一心不乱にメモをとり、驚異的な記憶力を駆使し、知識の整理に励んだ。

一九一八年の夏、毛沢東は第一師範学校卒業後、二十五歳になっていたが、北京大学で勉強したいと考え、中国の知的中心地である北京へ出た。だがたちまち秋が訪れ、彼は金も職もなく、長い冬を図書館での読書に向けたいという切なる願望だけを抱いていた。当時の北京には毛のような地方出の貧しいインテリたちが犇き、落伍していったのである。ある日毛は恩師の楊教授が北京大学で中国哲学を講じていると聞き、教授に面会を求めた。現在の事情を話したところ、教授はただちに北京大学の図書館主任李大釗を紹介してくれた。そして毛は李の世話で、図書館の

「助理員」（『新編中国の赤い星』）、「整理員」（『毛沢東』）となった。どちらの訳語が適正なのかわからないので、双方を挙げてみた。この仕事は図書館では下積みに属していたが、毛沢東の生涯にあっての決定的な転回点だったと思われる。

まず李大釗は後に毛と同じく中国共産党の創立者となる人物だった。また図書館で楊教授の娘である楊開輝と出会い、恋仲となり、一年後に結婚に至っている。この一方で大学の講義に出席できるようになるために様々な会や活動に参加し、彼に最大の影響と感化を与えた人物の陳独秀にも出会う。陳は北京大学文学部長で、やはり後の中国共産党創立の発起人だった。

このように北京大学図書館を中心として、毛は一九二一年六月の上海における中国共産党創立大会の一二人の出席者のうちの二人と出会い、さらに最初の夫人ともめぐり会ったことになる。それゆえに毛の生涯にあって、高等小学校の図書室、湖南の図書館、北京大学図書館は常に脳裏から去らなかった精神の原風景を形成していたのではないだろうか。『新版中国の赤い星』の口絵写真には「ソビエト地区の図書館」の写真も掲載されていることから推測すれば、毛沢東は延安の地にあっても図書館のことを忘れていなかったのではないだろうか。

この毛沢東の図書館への執着は中華人民共和国成立後も衰えることなく、中国文化大革命の最中までも引き継がれたように思われる。

草森紳一は、『中国文化大革命の大宣伝』（芸術新聞社）において、「毛沢東の書斎」に一章を割き、その写真を示し、「書斎」の「書棚」の「汗牛充棟」の「『魔術』にやられて」しまった田中角栄、ニクソンやキッシンジャーのことに言及している。私にはこの「書斎」こそが、毛が体験してきた様々な図書館の凝縮した宇宙のように見えてくる。草森はニクソンがマルローから聞かされた「彼には魔術師のような一面があります。彼は想像力の世界に生息し、想像力にとらわれている人物なのです」という毛沢東評を紹介し、「さすが『王道』の作者マルローは、なかなか鋭い」と書いている。マルローもこの毛の図書館に招じられたにちがいない。マルローの目には毛沢東が常に想像の図書館に潜んでいる「魔術師」のように映ったのかもしれない。なぜならば、マルローもまた「想像の美術館」の構想者であり、毛沢東の権力の背後に幻視する力を見出していた可能性もある。

草森の記述に従えば、ニクソンも田中角栄も、「突然の魔術」にかかり、予告もなしに毛沢東の自邸に招かれ、書斎へ通される。その光景を草森は『ニクソン回顧録』(小学館)を引用し、次のように書いている。

「「われわれは簡単な造りの、本や書類で満ちあふれた部屋に招き入れられた。毛主席が座っている場所のそばのコーヒーテーブルには、数冊の書籍がおかれ、あちこちのページが開かれていた」」。

ニクソンは回顧録の中で、こう坦々と書いているのみだが、度肝を抜かれたにちがいないのである。個人の書棚というものは、あって当り前の図書館や本屋の書棚と違い、それ自体、とかく自惚れの強いスノブな人間にたいして、不思議な魔力を発揮する。毛沢東の書斎は、ぎっしり和綴りの古典籍で埋まっていたからである」。

続けて草森は毛沢東の著作や詩作とその波乱万丈の生き方が知られていたゆえに、書斎の「汗牛充棟の書物空間」の迫力は圧倒的で、読書家のつもりのニクソンにも圧迫感を与え、学者のキッシンジャーに至ってはなおさらだったと推測している。毛沢東はいつから外国の要人を「人を圧倒することうけあいの書斎」へ招き入れるようになったのか不明だが、ニクソンや田中の訪中によって、「そのスタイルは、世界周知のもの」となった。

もはやここで毛の書斎を彼の小さな図書館とよんでかまわないだろう。おそらく彼は延安の洞窟の中にあってさえも、小さな図書館を携えていたのではないだろうか。そして図書館が秘めている「不思議な魔力」を深く洞察していたゆえに、その生涯を通じて小さな図書館を手離さず、そこから文化大革命も想像されていたのである。

だがその文化大革命において、紅衛兵たちは旧文化と旧思想などの四旧打破の街頭闘争を展開し、各大学の図書館や古本屋を襲い、押収、破壊、没収を繰り返し、多くの古典籍が焼かれ、散失したとされているが、毛沢東の小さな図書館だけは変わることなく古典籍を汗牛充棟させていたことになる。だからニクソンと田中の訪中時に毛の書斎の古典籍の写真が世界と国内に流れることは「違反行為」に該当するはずだった。

草森はこの事実について、毛沢東が四旧打破の想像以上の発展に驚き、古典は絶滅することはないという確信を示すシグナルとして写真を使い、これから政治は変わるという宣伝に用いたと分析している。とすれば、毛沢東は小さな図書館の館長として、その蔵書を国内外に知らしめることで、自らが演出した文化大革命に終止符を打とうとしていたのかもしれない。

＊

毛沢東が演出した文化大革命に関する誤謬の数々は草森の著書に詳しい。だがこの小さな図書館を世界の舞台とならしめ、また文化大革命への政治宣伝に利用したパフォーマンスはそれらの誤謬と様相を異にするもののように映り、世界の図書館史に記憶されるべきシーンを出現させたと思われる。

ここで留意すべきは毛が世界の舞台として選んだトポスが自らの小さな図書館であったという事実だろう。彼ほどの権力者であれば、いかなる舞台でも仕立てられたはずなのに、あえて小さな図書館たる書斎を選んだのは大胆不敵であり、本を読むことによって、中国史を熟知し、権力者の運命を透視していた読書家としての毛沢東の自負の体現でもあった。

この毛の小さな図書館のイメージに対して思いをめぐらしていると、『老子』の中に示された「小国寡民」という言葉が浮かんでくる。中国のような「大国」の中で夢想された理想社会としての「小国」。そこで図書館があるとすれば、それは必然的に小さなものになるだろう。老子の「小国」はユートピアと想定されているから、それはまたユートピアの中の図書館となる。だがこの図書館は毛沢東の書斎に匹敵する迫力を備えていなければならない。そして必然的に小さなものであることを宿命づけられている。だからまず広大なものとの前提からなるボルヘスの「バベルの図書館」（『伝奇集』所収、鼓直訳、岩波文庫）的イメージは排除されてしまう。この図書館はいかにも西洋的なものであるからだ。また私は出版者として、以前にベルナール・ピヴォー他編『理想の図書館』（安達正勝他訳、パピルス）を刊行しているが、これもボルヘスの「バベルの図書館」の延長線上に成立したもので、小さな図書館のイメージにかなっていない。小さな図書館とは毛沢東の書斎の彼方に幻視されるアジア的「小国」において出現するものなのだ。

「小さなもの」といえば、津野海太郎の著作に『小さなメディアの必要』（晶文社）があったこと、山と渓谷社からガイドブック「小さな町・小さな旅」シリーズが出されていたことを思い出す。あるいはまた「小さな旅」という言葉から、吉行淳之介の『街角の煙草屋までの旅』（講談社）のタイトルが浮かび上がってくる。しかしこれらをめぐる状況も今ではどうなのだろうか。小さなメディアを意味し、多品種少量販売を本来の性格とする本も少品種大量生産、大量消費の波に呑みこまれ、小さな町もコンビニを始めとするナショナルチェーンの画一化した風景に浸食され、街角の煙草屋も商店街が壊滅し、消えてしまっている。小さな書店、小さな古本屋、小さな図書館がなくなってしまったように、こちらでも同じ状況が進行していたのである。

だがかつては至るところにあった小さなものの場所の喪失が告げるのは単にそれだけが消えてしまったのではなく、歴史とともに形成されてきた風景、及びその中に置かれていたモノや商品のアウラも同様だったと思われてならない。だからこそ、遅きに失してしまったが、今や「小さいことはいいことだ」との声も上げるべきだろう。ただこの問題について、これ以上の深入りはできない。求められているのは図書館に関してであり、紙幅もなくなってきたからだ。

中国文化大革命の最中に訪中したニクソンや田中角栄に対し、毛沢東は彼らを自らの書斎へと招じ入れた。私はそこを毛の小さな図書館と見立て、世界や国内への政治宣伝の舞台とした毛の読書家としてのパフォーマンスだと位置づけ、小さな図書館の思いがけない効用と役割を論じた。ここで重要なのは毛が様々な図書館に通じ、北京大学の大図書館を熟知していたにもかかわらず、あえて小さな図書館にこだわったという事実であろう。それこそ毛はマルローのいう「想像力の世界に生息し、想像力にとらわれている人物」として図書館と本との関係を深く読み取っていたのではないだろうか。大きな図書館になればなるほど蔵書は増え、レファレンス機能も充実し、またそれが公共図書館であれば、多くの人々に知識を供給し、役に立つサービス機関へと移行していく。するとそこで起きるのは図書館と本との関係の乖離であり、図書館と本の根底に横たわる無用の用というコンセプト、それに基づくアウラの消滅であろう。毛はそのメカニズムを見抜いていたために、自らの小さな図書館にこだわり、本のアウラがこめられている舞台として政治宣伝にも利用したのではないだろうか。

この毛沢東のエピソードは大きな図書館とは異なる小さな図書館の存在の意味と在り方を伝えているように思われる。もちろん毛の例を普遍化することはできないけれど、二一世紀における公共図書館の増加と拡大はすでに終わりを迎えていると考えられるし、それに対置される小さな図書館が必要となるだろう。それらは各種の専門図書館だけでなく、多くの人々のオリジナルな蔵書からなる個人の図書室のようなもの、本と読書の多彩で小さな空間によって形成されるべきであり、そのことによって、毛の時代よりもはるかにシステム化された公共図書館へ異化作用をもたらすべきだと思われる。

53 昭和二〇年代生まれの回想――『古本屋散策』刊行を記念して

樽見博 小田さん、『古本屋散策』の刊行おめでとうございます。小田さんの『日本古書通信』（以下『古書通信』）への連載は、今月号（二〇一九年八月号）で二〇九回になります。その二〇〇回分までを、小田さんの友人でもある論創社の森下紀夫さんが刊行して下さった。本来なら日本古書通信社から刊行するのが筋でしょうが、残念ながらその力がありません。

小田 いやいや、こんなに長く連載させてもらったわけですから、それだけでも有難いと思っています。いつの間にか連載が二〇〇回を超えてしまったことに加え、古本だけでなく、出版や読書に関してドラスチックに変化していった十七年の連載期間のことを考えると、やはりこのあたりで上梓しておくべきだという気になりました。それで論創社の森下さんにお願いし、何とか刊行にこぎつけた次第です。それから出版界と同様に、古本屋状況も危機に追いやられている。そうした状況に反して、このような大部の『古本屋散策』を出すことで、あらためて古書のことを考えて欲しいという思いも含まれています。

樽見　小田さんの他にも、最近、『古書通信』の連載を核に、誠心堂書店の橋口侯之介さんが『江戸の古本屋』(平凡社)を、廣畑研二さんが『林芙美子全文業録』(論創社)を刊行されています。御三方、そして森下さんも含め私も同世代で、古本屋体験とか読書環境はほぼ同じなんじゃないと思っています。それにいずれも当世風の軽い読み物ではないことも共通している。今日は刊行を記念してその辺のお話をしてもらえればと思います。

小田　これは「あとがき」にも書いたのですが、拙著が意図せずして個人的営みとしての読書史をさらけ出して、いささか恥ずかしい。でもそれは昭和二〇年代生まれ、しかも私がいうところの「オキュパイドジャパン・ベイビーズ」の特質かもしれない。

論創社の「出版人に聞く」シリーズでも、同世代の人たちが、子供の時から、読書環境にさほど恵まれていたわけではないのに、総じて本に執着を覚え、出版の世界に進み、また書店人や古本屋になったりしている。それはどうしてなのか、まだはっきり解明出来ていない。

樽見　私は小田さんより三つ下の一九五四年生まれですが、私の同級の友人たちも、古本趣味というより、知識の吸収が古本に求められてきたことは共通している。もちろん、硬い内容の本や文学に興味を持つ人間は多くはないが、娯楽的な本を古本で享受する者は多かった。

小田　娯楽ということからすると、樽見さんの頃に、古本のヒエラルキーも変化し始めていたのかな。その辺の年の違いというのは意外に大きいと思う。

樽見　兄が四つ違いで、早稲田だから小田さんと時代が被っています。本に関しては兄の影響は大分受けています。

小田　それと、何よりもいっておかなければならないのは地方と都市の文化格差ですね。岩波文庫などは特約店がなかったこともあり、非常に読書体験が少ない。ところが、東京生まれの森下さんの話を聞くと、それらも含めて東京の書店の充実ぶりは驚いてしまう。それは映画環境も同様です。

樽見　私は茨城生まれで現在も居住していますが、高校の通学で使った田舎のターミナル駅周辺には岩波書店の特約店があり、通学時に立ち寄れる新刊書店が五軒ありました。その意味では恵まれていました。ただ、立ち寄れる古本屋は一軒もなく、進学して早く神保町や早稲田の古本屋に行きたいというのが夢でした。大学に入る前に、円の変動相場制移行と、第一次オイルショックがあって新刊書の定価が高くなってしまったから、古本屋への思いはより強くなりました。

小田　やはり東京近県は違うのかな、五軒というのは凄いですね。でも、地方で育った学生にとって、出版物を始めとして、上京することで、環境はまったく変わってくる。

樽見　本は新刊で定価でしか買えなかったのが、割引で買える、汚れて安い本や絶版になった本に、神保町や早稲田の古書街に行けば出会える。そこがもうひとつの古本大学みたいになる。私たちの時代までは、古本屋と大学生はまだ蜜月の関係にありました。今ほど安くはなかったですが。

小田　そういうことですね。大学の行き帰りは、歩いていたから、どうしても古本屋を覗いてしまう。でもそうした所謂ハビトゥスは、それでも一九八〇年代までは続いていたんじゃないかな。

＊

小田　実は長男が九〇年代に早稲田に入るのですが、聞いてみると地下鉄の東西線での往復となるので、もはや古書街との関係は稀薄になっていたようです。それとこれも付け加えておきますと、確かその頃『本の雑誌』で大学生は本棚を持っていないという特集が組まれた。

樽見　もう十年くらい前になるか、東大生の蔵書が平均百冊を切ったという新聞か雑誌の記事があった。最近では本を全く読まない大学生も少なくないといいますね。

小田　私が息子に今の学生はどんな本を読んでいるのか、友達のアパートの本棚を見ればわかるだろうと聞いたら、お父さん、周りの学生は半分くらいしか本棚を持っていないという答えが返ってきた。それで出版社の人たちに早稲田の文学部の学生の半分が本棚を持っていないようだと話したところ、それがあっという間に広がり、『本の雑誌』でも取り上げられたんだろうと思う。

樽見　九〇年代といえば、バブル崩壊とも関係しているんでしょうか。私が古書通信社に入社したのは一九七九年で、神保町は既に学生相手の古書街ではなくなっていましたが、早稲田古書街はまだ元気で、ビッグボックスの古書展も盛況でした。それが九〇年代になって、一般的な教養を得るために学生が古本屋を利用するというのは皆無に近くなり、元々学生の需要に応えるために形成されてきた早稲田や東大本郷の古書店街がその機能を無くしてしまった。仙台の東北大学周辺の古本屋も五〇メートルブロックに五軒あったのが、今や一軒になってしまった。

小田　私の友人が二年前に早稲田の教授を定年退職したのですが、もはや男女揃って、キャリア、ポスト、高給取りを目指す実学志向で、文化教養にはまったく目が向かず、そうしたゼミなども、もはや成立しなくなっているといってました。

樽見　そういう大学状況と古本屋の現在の姿は無縁ではないでしょうね。それで思い出しましたが、二〇一四年に笠間書院から、『五十嵐日記―古書店の風景』という本が出ています。和田敦彦早大教授など、早稲田古書街の国文学専門五十嵐書店への思いをもった先生方が刊行委員会を作って、店主の五十嵐智さんが昭和二八年に山形から上京、神保町の南海堂で修業、昭和四三年に早稲田に独立して店を持つのですが、その昭和三七年までの修業時代の日記を公刊した。自らも勉学への意識の強い一古書店員の日記です。我々の世代が理想とした古本屋の姿を見るようです。

小田　私も読んでいます。五十嵐書店といえば、平野書店と同様によく通いましたし、かつて河野書店の河野高孝、時代舎の田村和典との三人の共著で『古本屋リバイバル』(編書房、二〇〇一年)を出していますが、河野さんは、まさしく五十嵐書店で修業し、独立している。

樽見　そうでした。それで『古本屋散策』には河野さんも浜松の時代舎さんも出て来ることになる。

小田　この二人は私と同世代ですし、それに早稲田古書街のことを考えてみますと、古本屋の世界と明治後半から形成されてきた「読書社会」や「読者社会」を背景にして成立し、それが何とか一九八〇年代までは続いてきたことを実感します。

＊

小田　『古本屋散策』の巻頭は「近代古書業界の誕生」です。そこで明治二〇年代、すなわち一八九〇年前後に、出版社・取次・書店という近代出版流通システムがスタートし、ちょうどそれが雑誌の時代とクロスし、また近代文学の誕生も軌を一にしていると記しておきました。そして明治後半から出版業界の誕生と近代文学の成立の過程で、作者・出版社・取次・書店・読者からなる近代読書社会が形成されていく。そうした近代出版史を背景として、大正五年（一九一六）に古書籍取引常設市場として東京古書倶楽部が出来、同九年（一九二〇）に東京古書組合が結成され、本格的に近代古書業界が始まっていく。

樽見　古書業界の始まりはちょうど一世紀前だった。

小田　そうです。出版社や書店だけでなく、古本屋も含んだ「読書社会」や「読者社会」の始まりだったといっていいでしょう。

私も、『古本屋散策』で一九七〇年代に早稲田古書街で買った多くの古本に関して書いています。でもその時は五十年前になるのかと思いながら書いていたけれど、古書業界の始まりから半世紀だとはあまり意識していなかった。

でも実際に今から考えてみると、古本屋も人間にたとえれば、人生半ばの働き盛りといった感じで、元気だったことになります。それに私個人の周辺では、紛れもなく「読書社会」「読者社会」が続いていたし、また河野さんや田村さんも同様で、それで古本屋になった。樽見さんにしてもそうだったでしょうし、それで日本古書通信社に入ったんでしょうから。

樽見　私の場合は偶然でもありますが、そのように言えないこともない。それで四十年間を過ごしてきました。小田さんのような純粋な古本屋の客といった立場と異なり、様々な古本屋の姿を見てきています。

『古書通信』の長い執筆者で、古本屋の物書きとして最も有名なのは青木正美さんで、これも『古書通信』連載分を『古本屋控え帳自選集』として先ごろ刊行しました。青木さんは非常に商才に長けた街の古本屋さんで、彼の初期の著書は五十嵐さんとは違って、時々の古本屋の人気アイテム、例えば子供の本や雑誌のほかに、メンコや紙芝居をいかに商品化していったかというのが数字を伴って記録されている。その後の作家の自筆物売買の変遷もその時々の価格を綿密に記録するという他に例を見ない、彼にしか書けない内容です。

青木さんも、五十嵐さんも、専門はありながらも膨大な古本を扱ってきた。今はやりのセレクトショップ的な古本屋やブックカフェとは全然違う。

小田　それは『古本屋散策』にもよく出て来る浜松の時代舎も同じです。私は全部を見たわけではありませんが、膨大なストックを抱え込み、絶えず棚を動かしていて、それに客が多い月が重なると、棚の風景が変わってしまう。だから月に一度は寄らなければならない。

私はいろんな古本屋に出没している印象を与えるかもしれませんが、実際には時代舎と同じく浜松の典昭堂、あとは古書目録と「日本の古本屋」がメインで、実際に全国各地の古本屋を知っているわけではない。だから『古書通信』連載の「昨日も今日も古本さんぽ」の岡崎武志さんのような古本屋探索者でもないんです。

樽見　小田さんはどんな古本屋が好みなのですか。

小田　やはり専門店というよりも、膨大な在庫があって、何が出て来るかわからないような古本屋ですね。

これも、『古本屋散策』で触れていますが、残念なのが近年閉店してしまった、三島の北山書店と豊橋の講文堂です。といっても、近くに行った際に立ち寄るくらいで、よい客だったとは言えないでしょう。

樽見　講文堂さんには行ったことがあります。古本屋さんらしい良いお店でした。『古本屋散策』に出て来る、やはり閉店してしまった浜松の泰光堂書店はどのような古本屋だったのですか。小学生の頃から出入りし、四十年通い続けたとのことですが。

小田　典型的な街の古本屋だったと思います。後に赤本屋系の古本屋だと仄聞しましたし、確か雑誌の付録も売っていた。それに買っても数日内に持っていけば、その古書価の何割かで引き取るという貸本屋的役割を兼ねていたので、まだ小学生の私でも気軽に出入りできたことが幸いだった。その頃、時代舎があったとしても敷居が高かったはずですから、私にとって泰光堂は古本の世界への入口のような役割を果たしてくれた。

＊

樽見　小田さんが、『古書通信』に泰光堂の閉店のことを書いたことで、在庫のほとんどが売れてしまい、予定の閉店日が早まったと聞いています。

小田　『古本屋散策』の「浜松の泰光堂書店の閉店」を確認してみると、二〇〇三年一一月号に書いています。その後、泰光堂さんに会った際に、書いてくれたので、思いがけず多くの客が訪れ、在庫は完売に近く、本当によかったと礼を言われました。それで私も少しはお役に立ったのかと思い、何かほのぼのとした気にさせられました。

でもそれは私が書いたことよりも、『古書通信』に掲載された反響でしょう。まだ時代もよかった。泰光堂はそれなりに著名な古本屋で、浜松駅近くという地の利も幸いしていたからだと思います。それに何よりも、『古書通信』が古本屋と読者の共同体を体現する存在だったことによっている。

樽見　古い『全国古本屋地図』では、泰光堂を大正期創業の老舗と書いています。九二～九三年改訂新版には浜松の古本屋が十三軒も出ています。今も続いているのは五軒、ただ現在十軒くらい組合に加盟していますが、店舗営業している店は何軒あるのか。古本屋のある地域には『古書通信』の購読者が多かったのです。都市圏以外の地域から古本屋の多くが消えてしまったことは『古書通信』も大きな影響がありました。

ネットで必要な古本購入は驚くほど便利になりましたが、古本屋が身近にある事とは、これは全く別なんです。

あらためて『古本屋散策』を読み、お話を聞いてみると、古本と古本屋だけでなく、書物の世界に対する独特の深い愛情。とても長い個人的読書史があるんだと分かりました。古本を買い、読むことを通じて、古書業界の歴史だけではなく、ご自身がずっと身を置いてきた出版業界の構造を踏まえ、新刊と古書の双方の関係を視座に据えている。古本と古本屋をテーマにした本は沢山ありますが、こうした視点から描かれた本は不思議と無かったと思います。

小田　それは私のポジションの多面性もありますが、最も大きいのは文学と社会学をベースとする戦後社会、郊外消費社会論を専門としていることです。それは『古本屋散策』の「『総長賭博』と『日本国勢図会』」にうかがえるでしょう。

確か樽見さんが、『古書通信』に『出版社と書店はいかにして消えていくか』や『ブックオフと出版業界』（いずれも論創社復刊）のことを書いてくれましたが、あの二冊は郊外消費社会論の出版業界応用編なのです。

樽見　二〇一七年のとんでもない大著『郊外の果への旅／混住社会論』（論創社）は、その世界的にして、それこそ新刊と古本を集大成したものだったのですね。

小田　自己宣伝めいて恐縮ですけど、そういって頂くととても嬉しい。そうした大著も『古本屋散策』所収の多くの論考に支えられていることになります。

＊

樽見　小田さんの『ブックオフと出版業界』を読んで、ブックオフが登場して瞬く間に全国展開していき、従来の古本屋の在り方を激変させた事情を理解しました。また、その背景は、『出版社と書店はいかにして消えていくか』で解剖され、ブックオフそのものも、日本の出版業界と流通システムの病弊が生み出したものだと指摘されていた。

小田　今になって実感していることを言いますと、私の本は多様なものが絡み合い、交錯しているし、樽見さんの先ほどの言葉を借りれば、「こうした視点から描かれた本は不思議となかった」こともあり、理解されることは少なかったと思う。それもあって、再販委託制の問題は直視されず、改革も試みられず、出版業界だけでなく、古書業界にも危機が及んできてしまったと考えています。

でも、樽見さんが『古書通信』に書いてくれたので、二〇〇〇年に山中共古の『見付次第／共古日録抄』を刊行した際に、当時古書会館内にあった日本古書通信社に届けたところが、樽見さんは不在だったので、伝言を添えて置いてきた。それから八木書店の地下の売り場にいると、樽見さんが追いかけてきて、私の名前を呼んでくれた。それで初めて面識を得たのです。

樽見　そうでしたか。私は先の二冊のどちらかの関係で知り合ったとばかり思い込んでいました。

小田　そのことがきっかけで、二〇〇二年から「古本屋散策」の連載が始まり、こうして上梓の日を迎えたのですから、喜ぶべき出会いだったと思います。

樽見　それはこちらこそです。私は、四十年この世界にいても、古本がますます好きになっている。小田さんも同じでしょう。だからこれからも、連載を続けて頂きたいと考えていますし、『古本屋散策』を多くの人に読んで頂きたいですね。

今日は、どうもありがとうございました。

（たるみ・ひろし／おだ・みつお）

旧版・あとがき

本書に収録した図書館と本をめぐる50の断章は、『図書館の学校』（図書館流通センター発行）に二〇〇〇年五月号から十月号にかけて、「図書館のある風景」と題して連載した六編に加えて、新たに四十四編を書き下ろしたものである。

一九八〇年代から現在にかけて、日本の公共図書館は、私たちの学生時代と比べて、驚くほど増加し、建物は大きく、快適で、便利で、明るくなった。しかしその蔵書内容が質的に向上したとは思われない。図書館界では、読者は市民やユーザーとして語られ、貸し出し冊数といった量が常に追求されている。

だが、本当に大事なのは、図書館と読者の出会いによる、本と読者の物語であり、そのことによって、図書館の物語も始まるのではないだろうか。その時初めて、図書館は生きられる図書館として姿を現わすのである。どんな図書館にも、市民やユーザーや貸し出し冊数といった背後に、多様な読者と本と読書をめぐる物語が潜んでいるにちがいない。そんな思いをこめて、ささやかな一冊を上梓する次第である。

数年前から始まった私の本の流通インフラの世界の旅は、ようやく図書館までたどりついたことになる。旅も終わりに近づいたようだ。

本書は、編書房《あむ》の國岡克知子さんの強いお勧めによって、送り出される。私という著者の物語、國岡さんという出版社、編集者の物語に加えて、読者の物語、図書館の物語が共鳴して様々に読んで頂ければ、望外の喜びである。

二〇〇一年七月

著者

新版・あとがき

二〇二二年、中村文孝さんとの対談集『私たちが図書館について知っている二、三の事柄』を刊行した。かねてから出版物の流通インフラの問題として、図書館に言及しなければならないと考えていたので、長きにわたる課題を果たしたつもりであった。

それに同書のタイトルはゴダールの映画にちなんでいるけれど、内容に関しては淀川長治的におもしろくわかりやすいというコンセプトで編まれている。そうした試みは中村さんの共演を得て、新しい話体の図書館論として送り出せたのではないかと自負している。

それゆえに多くの読者にめぐり会えたようで、中村さんが冒頭で、二十年前の旧著『図書館逍遙』を挙げてくれたこともあってか、復刊してほしいとの要望が寄せられてきた。

それらに加えて、『私たちが図書館について知っている二、三の事柄』は出版史のみならず、出版業界史などは難しくてわからないことも多いので、解説版、もしくは注釈本の刊行を望む声も聞こえてきた。

そこでまた中村さんと話し合ったわけだが、我々と若い世代の間では、出版業界や図書館についての共通認識も異なり、それは当然のことながら読書や書物に関しても同様ではないかという見解に至ったのである。とりわけ二一世紀を迎え顕著になった事柄ではないかと。

といって、我々の対談集の解説版や注釈本を出すことは屋上屋を架すことになるし、それよりも我々の世代としての読書や書物、出版史や図書館史にも広範にふれている『図書館逍遙』を復刊し、『私たちが図書館について知っている二、三の事柄』と並べて読んでもらうほうがよいのではないかという結論に達したのである。

だが著者としても『図書館逍遙』は再び読まれてほしいけれど、旧著をそのまま復刊することは望んでいないし、10編ほどの増補版も考えたのだが、そうすると旧著のイメージも変わってしまうであろう。

そのために、これまで単行本未収録の「松本清張と昭和円本時代」（『松本清張研究』）、「大きな図書館から小さな図書館へ」（『専門図書館』）、『日本古書通信』編集長の樽見博さんとの対談「『古本屋散策』刊行を記念して――昭和二十年代生まれの回想」（『日本古書通信』）の三編を新たに収録し、『新版　図書館逍遙』として刊行することにした。

『新版　図書館逍遙』は私の著書でもあるが、中村さんも含んで戦後生まれの世代がこのようにして図書館を考え、本を読み、必然的に出版業界に誘われていったことの理解の一助となれば幸いである。

かつての編《あむ》書房版旧著の装画は出久根育さんによるもので、愛着もあるのだが、新版ということでラファイエロ前派のミレイの「盲目の少女」を選んだ。その理由は本書の第50編に起因する。
新版の編集は論創社の森下紀夫、松永裕衣子さんのお手を煩わせた。いつもながら有難う。

二〇二三年五月

著　者

初出誌

第1編〜第6編　『図書館の学校』（㈱図書館流通センター発行）二〇〇〇年五月号〜十月号

第7編〜第50編　書き下ろし（以上、旧版『図書館逍遥』収録）

第51編（原題・松本清張と昭和円本時代）『松本清張研究』（北九州市立松本清張記念館）第二十一号、二〇一九年三月

第52編『専門図書館』（専門図書館協議会）第二四〇号、二〇一〇年三月

第53編（原題・『古本屋散策』刊行を記念して――昭和二〇年生まれの回想）『日本古書通信』（日本古書通信社）二〇一九年八月号

小田光雄（おだ・みつお）

1951年、静岡県生まれ。早稲田大学卒業。出版業に携わる。著書に『書店の近代』（平凡社）、『〈郊外〉の誕生と死』、『郊外の果てへの旅／混住社会論』、『出版社と書店はいかにして消えていくか』などの出版状況論三部作、インタビュー集「出版人に聞く」シリーズ、『出版状況クロニクル』Ⅰ～Ⅴ、『古本探究』Ⅰ～Ⅲ、『古雑誌探究』、『近代出版史探索』Ⅰ～Ⅵ（いずれも論創社）。中村文孝との共著に『全国に30万ある「自治会」って何だ！』『私たちが図書館について知っている二、三の事柄』がある。訳書に『エマ・ゴールドマン自伝』（ぱる出版）、エミール・ゾラ「ルーゴン＝マッカール叢書」シリーズ（論創社）などがある。『古本屋散策』（論創社）で第29回Bunkamuraドゥマゴ文学賞受賞。ブログ【出版・読書メモランダム】https://odamitsuo.hatenablog.com/に「出版状況クロニクル」を連載中。

新版 図書館逍遙

2023年6月20日　初版第1刷印刷
2023年6月30日　初版第1刷発行

著　者　小田光雄
発行者　森下紀夫
発行所　論 創 社
東京都千代田区神田神保町 2-23　北井ビル
tel. 03（3264）5254　fax. 03（3264）5232　web. https://www.ronso.co.jp/
振替口座　00160-1-155266
装幀／三浦正已
印刷・製本・組版／精文堂印刷
ISBN978-4-8460-2286-0

私たちが図書館について知っている二、三の事柄

中村文孝　小田光雄　著

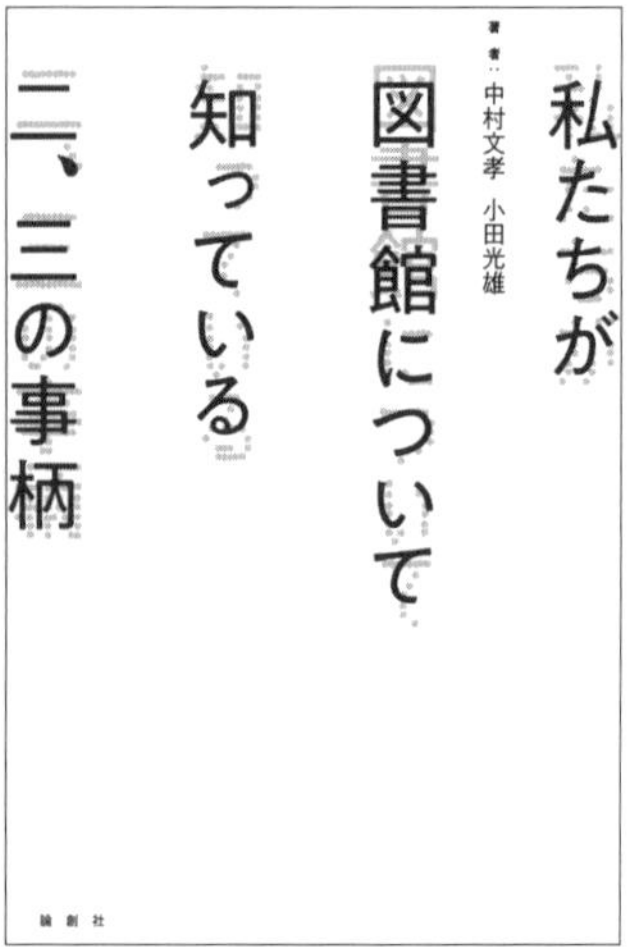

定価：本体2000円+税
体裁：四六判・並製・312頁
ISBN：978-4-8460-2179-5

〈図書館・書店〉50年の盛衰史

1970 年代を嚆矢とする〈図書館〉の成長を、1990 年代から始まる〈書店〉の衰退を視野に入れて考察する。出版業をとりまく数々の環境の変化を踏まえて、図書館の在るべき姿を模索する対談集！

たとえば、本を貸し出して貰ったあとで、いつから窓口の図書館員が、抑揚は違うもののマクドナルドの店員のような「ありがとうございましたぁ」を発するようなサービス業になったのか、また公僕だったはずの図書館員が、いつから非正規雇用が半分以上になり、生活するにはギリギリの低賃金で、しかも雇用期間も限定なのか、これではまるで官製ブラックではないのか、など。これまで美しい歴史とされてきた図書館の戦後史の実相を炙り出し、そして公共図書館のこれからを出版の視点から小田さんとふたりでちょっと考えてみます。――本書「まえがき」（中村文孝）より